AF427962

EL HOMBRE MÁS RICO DE BABILONIA

Escrito

por

George Samuel Clason

Traducción

por

Joaquín de la Sierra

Publicado

por

Motmot.org

Contenido

Introducción

Ante ti se extiende tu futuro como un camino que se adentra en la distancia. A lo largo de ese camino hay ambiciones que deseas cumplir... deseos que deseas gratificar.

Para hacer realidad tus ambiciones y deseos, debes tener éxito con el dinero. Utiliza los principios financieros que se exponen en este libro. Deja que te guíen desde las restricciones de una cartera escasa hasta la vida más plena y feliz que permite una cartera llena.

Como la ley de la gravedad, los principios que encontraras en este libro son universales e inmutables. Que sean para ti, como lo han sido para tantos otros, una clave segura para tener un bolso gordo, mayores saldos bancarios y un progreso financiero gratificante.

El dinero es abundante para aquellos que entienden las sencillas leyes de su adquisición.

- Comienza a engordar tu monedero
- Controla tus gastos

- Haz que tu oro se multiplique
- Evita que tus tesoros se pierdan
- Haz de tu vivienda una inversión rentable
- Asegura una renta futura
- Aumenta tu capacidad de ganar

Acerca de George Samuel Clason

George Samuel Clason nació en Luisiana, Missouri, el 7 de noviembre de 1874. Estudió en la Universidad de Nebraska y sirvió en el ejército de los Estados Unidos durante la guerra hispanoamericana. Comenzó una larga carrera en el mundo editorial, fundando "Clason Map Company" en Denver, Colorado, y publicando el primer atlas de carreteras de Estados Unidos y Canadá. En 1926, publicó el primero de una famosa serie de folletos sobre el ahorro y el éxito financiero, utilizando parábolas ambientadas en la antigua Babilonia para exponer cada uno de sus puntos. Estos folletos fueron distribuidos en grandes cantidades por bancos y compañías de seguros y se hicieron familiares a millones de personas, siendo el más famoso "El hombre más rico de Babilonia", la parábola de la que el presente volumen toma su título. Estas "parábolas babilónicas" se han convertido en un clásico moderno para mejorar las finanzas personales.

Prólogo

Nuestra prosperidad como nación depende de la prosperidad financiera personal de cada uno de nosotros como individuos.

Este libro trata de los éxitos personales de cada uno de nosotros. El éxito significa logros como resultado de nuestros propios esfuerzos y habilidades. La preparación adecuada es la clave de nuestro éxito. Nuestros actos no pueden ser más sabios que nuestros pensamientos. Nuestros pensamientos no pueden ser más sabios que nuestro entendimiento.

Este libro, que brinda la solución para carteras flacas, ha sido calificado como una guía para la comprensión financiera. Ese es su propósito: ofrecer a los ambiciosos del éxito financiero una visión que les ayude a adquirir dinero, a conservarlo y a hacer que sus excedentes ganen más dinero.

En las páginas que siguen, nos trasladamos a Babilonia, la cuna en la que se nutrieron los principios básicos de las finanzas que ahora se reconocen y utilizan en todo el mundo.

A los nuevos lectores, el autor se complace en desear que estas páginas contengan para ellos la misma inspiración para el crecimiento de sus cuentas bancarias, mayores éxitos financieros y la solución de los difíciles problemas financieros personales de los que informan con tanto entusiasmo los lectores de costa a costa.

A los empresarios que han distribuido estos cuentos en cantidades tan generosas a amigos, familiares, empleados y asociados, el autor aprovecha esta oportunidad para expresar su gratitud. Ningún respaldo podría ser mayor que el de los hombres prácticos que aprecian sus enseñanzas porque ellos mismos han alcanzado importantes éxitos aplicando estos mismos principios.

Babilonia se convirtió en la ciudad más rica del mundo antiguo porque sus ciudadanos eran las personas más ricas de su tiempo. Apreciaban el valor del dinero. Practicaban sólidos principios financieros para adquirir dinero, mantenerlo y hacer que su dinero ganara más dinero. Obtuvieron en abundancia lo que todos deseamos: ingresos para el futuro.

G. S. C.

Una reseña histórica de Babilonia

En las páginas de la historia no hay ciudad más glamurosa que Babilonia. Su propio nombre evoca visiones de riqueza y esplendor. Sus tesoros de oro y joyas eran fabulosos. Uno naturalmente se imagina que una ciudad tan rica fuese situada en un entorno de lujo tropical, rodeada de ricos recursos naturales de bosques y minas. Pero no era así. Estaba situada junto al río Éufrates, en un valle llano y árido. No tenía bosques, ni minas, ni recursos para construir. Ni siquiera estaba situada cerca de una ruta comercial. Las lluvias eran insuficientes para cultivar.

Babilonia es un ejemplo sobresaliente de la capacidad del hombre para alcanzar grandes objetivos, utilizando cualquier medio a su alcance. Todos los recursos que sustentan esta gran ciudad fueron desarrollados por el hombre. Todas sus riquezas fueron hechas por el hombre.

Babilonia sólo poseía dos recursos naturales: un suelo fértil y el agua del río Éufrates. Con uno de los mayores logros de la ingeniería de aquel o cualquier otro día, los ingenieros babilónicos desviaron las aguas del río mediante presas e inmensos canales de riego. A lo largo de ese árido valle se extendieron estos canales para verter las aguas vivificantes sobre el suelo fértil. Esta es una de las primeras hazañas de ingeniería conocidas en la historia. El mundo nunca había visto cosechas tan abundantes como las que se obtuvieron con este sistema de riego.

Afortunadamente, durante su larga existencia, Babilonia fue gobernada por sucesivos linajes de reyes para los que la conquista y el saqueo no eran más que incidentales. Aunque Babilonia participó en muchas guerras, la mayoría de ellas fueron defensivas contra conquistadores ambiciosos de otros países que codiciaban los fabulosos tesoros de Babilonia. Los destacados gobernantes de Babilonia perduran en la historia por su sabiduría, su espíritu emprendedor y su justicia. Babilonia no produjo monarcas que pretendieran conquistar el mundo conocido para que todas las naciones rindieran homenaje a su egoísmo.

Como ciudad, Babilonia ya no existe. Cuando se retiraron las fuerzas humanas que construyeron y mantuvieron la ciudad durante miles de años, pronto se convirtió en una ruina desierta. El emplazamiento de la ciudad está en Asia, a unas seiscientas millas al este del Canal de Suez, justo al norte del Golfo Pérsico. La latitud es de unos treinta grados sobre el Ecuador, prácticamente la misma que la de Yuma, Arizona. Poseía un clima similar al de esta ciudad estadounidense, cálido y seco.

En la actualidad, este valle del Éufrates, que en su día fue una populosa zona agrícola de regadío, vuelve a ser un árido desierto azotado por el viento. La escasa hierba y los arbustos del desierto luchan por existir contra las arenas arrastradas por el viento. Han desaparecido los campos fértiles, los mercados gigantescos y las largas caravanas de lujosas mercancías. Los únicos habitantes son las bandas nómadas de árabes que se ganan la vida cuidando pequeños rebaños. Así ha sido desde el comienzo de la era cristiana.

Este valle está repleto de colinas de tierra. Durante siglos, los viajeros las consideraron como colinas sin importancia. Finalmente, la atención de los arqueólogos se vio atraída por las piezas rotas de cerámica y ladrillos arrastradas por las ocasionales tormentas de lluvia. Se enviaron expediciones, financiadas por museos europeos y americanos, para excavar y ver qué se podía encontrar. Picos y palas pronto demostraron que estas colinas eran antiguas ciudades. Tumbas de enormes ciudades antiguas – como podría llamarse.

Sobre Babilonia, durante algo así como veinte siglos, los vientos habían esparcido el polvo del desierto. Construida originalmente de ladrillo, todos los muros expuestos se habían desintegrado y vuelto a la tierra. Así es hoy Babilonia, la ciudad más importante de su época. Un montón de suciedad, abandonada desde hace tanto tiempo que ninguna persona viva conocía su nombre hasta que fue descubierta al retirar cuidadosamente los desechos de las calles y los restos caídos de sus nobles templos y palacios.

Muchos científicos consideran que la civilización de Babilonia, y otras en la región, son las más antiguas de las que se tiene constancia. Se han comprobado fechas que se remontan a 8.000 años atrás.

Un hecho interesante a este respecto es el medio utilizado para determinar estas fechas. En las ruinas de Babilonia se encontraron descripciones de un eclipse de sol. Los astrónomos modernos calcularon fácilmente el momento en que se produjo dicho eclipse, visible en Babilonia, y establecieron así una relación conocida entre su calendario y el nuestro.

De esta manera, hemos comprobado que hace 8000 años, los sumerios, que habitaban Babilonia, vivían en ciudades amuralladas. Sólo se puede conjeturar cuántos siglos antes habían existido tales ciudades. Sus habitantes no eran bárbaros que vivían dentro de unos muros de protección. Eran un pueblo culto e ilustrado. Por lo que respecta a la historia escrita, fueron los primeros ingenieros, los primeros astrónomos, los primeros matemáticos, los primeros financieros y el primer pueblo que tuvo una lengua escrita.

Ya se han mencionado los sistemas de riego que transformaron el árido valle en un paraíso agrícola. Los restos de estos canales todavía se pueden rastrear, aunque en su mayoría están llenos de arena acumulada. Algunos de ellos eran de tal tamaño que, cuando estaban vacíos de agua, podían cabalgar una docena de caballos a la vez por su fondo. Su tamaño es comparable al de los mayores canales de Colorado y Utah.

Además de la irrigación de las tierras del valle, los ingenieros babilonios llevaron a cabo otro proyecto de similar magnitud. Mediante un elaborado sistema de drenaje, recuperaron una inmensa zona de pantanos en la desembocadura de los ríos Éufrates y Tigris y la pusieron también en cultivo.

Heródoto, el viajero e historiador griego, visitó Babilonia cuando estaba en su apogeo y nos ha dado la única descripción conocida de un forastero. Sus escritos ofrecen una descripción gráfica de la ciudad y de algunas de las costumbres inusuales de sus habitantes. Menciona la notable fertilidad del suelo y la abundante cosecha de trigo y cebada que producían.

La gloria de Babilonia se ha desvanecido, pero su sabiduría se ha conservado para nosotros. Por ello estamos en deuda con su forma de registro. En aquella lejana época no se había inventado el uso del papel. En su lugar, grababan laboriosamente sus escritos en tablillas de arcilla húmeda. Una vez terminadas, se horneaban y se convertían en baldosas duras. Tenían un tamaño de unos 15 por 20 centímetros y un grosor de un centímetro.

Estas tablillas de arcilla, como se las denomina comúnmente, se utilizaban de forma muy parecida a la escritura moderna. En ellas se grababan leyendas, poesía, historia, transcripciones de decretos reales, leyes del país, títulos de propiedad, pagarés e incluso cartas que eran enviadas por mensajeros a ciudades lejanas. Estas tablillas de arcilla nos permiten conocer los asuntos íntimos y personales del pueblo. Por ejemplo, una tablilla, evidentemente procedente de los registros de un tendero rural, relata que en una fecha determinada un cliente determinado trajo una vaca y la cambió por siete sacos de trigo, tres de los cuales se entregaron en ese momento y los otros cuatro quedaron a la espera de que el cliente los deseara.

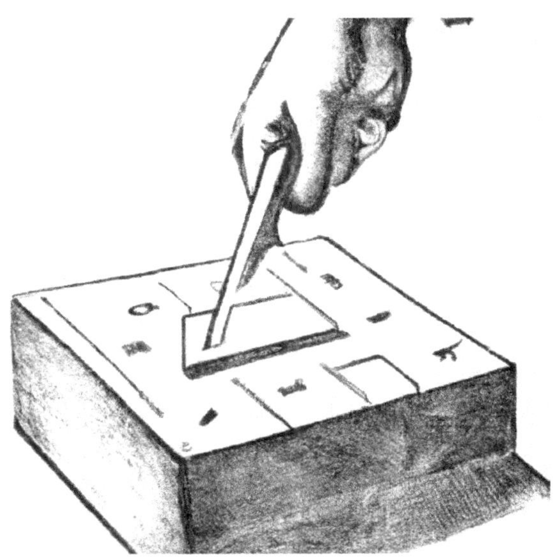

Los arqueólogos han recuperado bibliotecas enteras de estas tablillas, cientos de miles de ellas, enterradas en las ciudades destruidas.

Una de las maravillas más destacadas de Babilonia eran las inmensas murallas que rodeaban la ciudad. Los antiguos las clasificaron, junto con la gran pirámide de Egipto, entre las "siete maravillas del mundo". Se atribuye a la reina Semiramis haber levantado las primeras murallas durante la historia temprana de la ciudad. Los excavadores modernos no han podido encontrar ningún rastro de las murallas originales. Tampoco se conoce su altura exacta. Por lo que mencionan los primeros escritores, se calcula que tenían entre 15 y 20 metros de altura, con un revestimiento exterior de ladrillo quemado y protegidas por un profundo foso de agua.

Las posteriores y más famosas murallas fueron iniciadas unos seiscientos años antes de la época de Cristo por el rey Nabopolasar. Planeó la reconstrucción a una escala tan gigantesca, que no vivió para ver el trabajo terminado. Se la dejó a su hijo, Nabucodonosor, cuyo nombre es familiar en la historia bíblica.

La altura y la longitud de estos muros posteriores son increíbles. Se dice que tenían una altura de unos 60 metros, el equivalente a la altura de un edificio de oficinas moderno de 15 pisos. La longitud total se estima entre nueve y once millas. La parte superior era tan ancha que un carruaje de seis caballos podía rodearla. De esta tremenda estructura, poco queda ahora, salvo partes de los cimientos y el foso. Además de los estragos de los elementos, los árabes completaron la destrucción extrayendo el ladrillo para construir en otro lugar.

Contra los muros de Babilonia marcharon, a su vez, los ejércitos victoriosos de casi todos los conquistadores de aquella época de guerras de conquista. Una hueste de reyes sitió Babilonia, pero siempre en vano. Los historiadores hablan de unidades de hasta 10.000 jinetes, 25.000 carruajes de combate, 1.200 regimientos de a pie con 1.000 hombres por regimiento. A menudo se requerían dos o tres años de preparación para reunir materiales de guerra y depósitos de alimentos a lo largo de la línea de marcha propuesta. La ciudad de Babilonia estaba organizada de forma muy parecida a una ciudad moderna. Había calles y tiendas. Los vendedores ambulantes ofrecían sus mercancías por los barrios residenciales. Los sacerdotes oficiaban en magníficos templos. Dentro de la ciudad había un recinto interior para los palacios reales. Se dice que las murallas de este recinto eran más altas que las de la ciudad.

Los babilonios eran hábiles en las artes. Entre ellas se encontraban la escultura, la pintura, el tejido, la orfebrería y la fabricación de armas de metal y utensilios agrícolas. Sus joyeros creaban las joyas más artísticas.

Se han recuperado muchas muestras de las tumbas de sus ciudadanos ricos y ahora se exponen en los principales museos del mundo.

En una época muy temprana, cuando el resto del mundo seguía cortando árboles con hachas con cabeza de piedra, o cazando y luchando con lanzas y flechas con punta de pedernal, los babilonios utilizaban hachas, lanzas y flechas con cabeza de metal. Los babilonios eran hábiles financieros y comerciantes. Por lo que sabemos, fueron los inventores originales del dinero como medio de intercambio, de los pagarés y de los títulos de propiedad por escrito.

En Babilonia nunca entraron ejércitos hostiles hasta unos 540 años antes del nacimiento de Cristo.

Incluso entonces las murallas no fueron capturadas. La historia de la caída de Babilonia es de lo más inusual. Ciro, uno de los grandes conquistadores de la época, pretendía atacar la ciudad y esperaba tomar sus inexpugnables murallas.

Los consejeros de Nabonido, el rey de Babilonia, lo persuadieron para que saliera al encuentro de Ciro y le diera batalla sin esperar a que la ciudad fuera sitiada. Con la consiguiente derrota del ejército babilónico, éste huyó de la ciudad. Ciro, entonces, entró por las puertas abiertas y tomó posesión sin resistencia.

A partir de entonces, el poder y el prestigio de la ciudad disminuyeron gradualmente hasta que, en el transcurso de unos pocos cientos de años, fue finalmente abandonada, dejada para que los vientos y las tormentas nivelaran de nuevo esa tierra desértica sobre la que se había construido originalmente su grandeza. Babilonia había caído para no volver a levantarse, pero a ella le debe mucho la civilización.

Los eones del tiempo han convertido en polvo los orgullosos muros de sus templos, pero la sabiduría de Babilonia perdura.

El dinero es el medio por el que se mide el éxito terrenal. El dinero permite disfrutar de lo mejor que ofrece la tierra.

El dinero es abundante para aquellos que entienden las sencillas leyes que rigen su adquisición.

El dinero se rige hoy por las mismas leyes que lo controlaban cuando los hombres prósperos caminaban en las calles de Babilonia, hace seis mil años.

El hombre que deseaba oro

Bansir, el constructor de carruajes de Babilonia estaba completamente desanimado. Desde su asiento en el bajo muro que rodeaba su propiedad, contemplaba con tristeza su sencilla casa y el taller abierto en el que se encontraba un carruaje parcialmente terminado.

Su mujer aparecía con frecuencia en la puerta abierta. Sus miradas furtivas en su dirección le recordaban que la bolsa de comida estaba casi vacía y que él debía estar trabajando en la terminación del carruaje, martillando y tallando, puliendo y pintando, tensando el cuero sobre las llantas, preparándolo para su entrega para poder cobrar a su rico cliente.

Sin embargo, su cuerpo gordo y musculoso permanecía sentado en la pared. Su lenta mente luchaba pacientemente con un problema para el que no encontraba respuesta.

El sol caliente y tropical, tan típico de este valle del Éufrates, le golpeaba sin piedad. Las gotas de sudor se formaban en su frente y bajaban inadvertidas hasta perderse en la selva de pelos de su pecho.

Más allá de su casa se alzaba la alta muralla adosada que rodeaba el palacio del rey. Cerca de allí, hendiendo los cielos azules, estaba la torre pintada del Templo de Bel. A la sombra de tal grandeza se encontraba su sencilla casa y muchas otras mucho menos pulcras y bien cuidadas. Babilonia era así: una mezcla de grandeza y miseria, de riqueza deslumbrante y pobreza extrema, amontonadas sin plan ni sistema dentro de los muros protectores de la ciudad.

Detrás de él, si se hubiera preocupado de mirar, los ruidosos carruajes de los ricos empujaban y hacían a un lado a los comerciantes con sandalias y a los mendigos descalzos. Incluso los ricos se veían obligados a girar hacia las cunetas para despejar el camino a las largas filas de esclavos aguadores, en el "Negocio del Rey", cada uno de los cuales llevaba un pesado odre de agua para ser vertido en los jardines colgantes. Bansir estaba demasiado absorto en su propio problema para escuchar o prestar atención al confuso bullicio de la ajetreada ciudad. Fue el inesperado tañido de las cuerdas de una lira familiar lo que le despertó de su ensueño. Volteó y miró el rostro sensible y sonriente de su mejor amigo, Kobbi, el músico.

—Que los dioses te bendigan con gran liberalidad, mi buen amigo —dijo Kobbi con un elaborado saludo—. Sin embargo, parece que ya han sido tan generoso que no necesitas trabajar. Me regocijo contigo en tu buena fortuna. Es más, incluso me gustaría compartirla contigo.

» Te ruego que, de tu bolsa, que debe estar abultada, si no estarías ocupado en tu tienda, extraigas sólo dos humildes siclos y me los prestes hasta después de la fiesta de los nobles de esta noche. No los echarás de menos antes de que te los

24

devuelva.

—Si tuviera dos siclos —respondió Bansir con tristeza—, no podría prestárselos a nadie, ni siquiera a ti, mi mejor amigo, porque serían mi fortuna, toda mi fortuna. Nadie presta toda su fortuna, ni siquiera a su mejor amigo.

—¿Qué? —exclamó Kobbi con auténtica sorpresa—, ¡no tienes ni un siclo en tu bolsa y, sin embargo, estás sentado como una estatua en la pared! ¿Por qué no completas ese carruaje? ¿De qué otra manera puedes satisfacer tu noble apetito? No es propio de ti, amigo mío. ¿Dónde está tu infinita energía? ¿Algo te angustia? ¿Los dioses te han traído problemas?

—Debe ser un tormento de los dioses —dijo Bansir—. Comenzó con un sueño, un sueño sin sentido, en el que creía ser un hombre con recursos. De mi cinturón colgaba un bonito monedero, repleto de monedas. Había siclos que arrojaba con despreocupada libertad a los mendigos; había piezas de plata con las que compraba galas para mi esposa y todo lo que yo deseaba; había piezas de oro que me hacían sentir seguro del futuro y no temía gastar la plata. Un glorioso sentimiento de satisfacción se apoderó de mí. No me habrías reconocido como tu amigo trabajador. Tampoco habrías reconocido a mi esposa, su rostro estaba libre de arrugas y resplandeciente de felicidad. Volvía a ser la sonriente doncella de nuestros primeros días de casados.

—Un sueño agradable, en efecto —comentó Kobbi—, pero ¿por qué unos sentimientos tan agradables como los que soñaste te han de convertir en una estatua sombría sobre la pared?

—Porque cuando me desperté y recordé lo vacía que estaba mi monedero, me invadió un sentimiento de rebeldía. Hablemos de ello juntos, pues, como dicen los marineros, viajamos en el mismo barco, nosotros dos. Cuando éramos jóvenes, íbamos juntos con los sacerdotes para aprender de su sabiduría. De jóvenes, compartíamos los placeres de la vida. Como hombres adultos, siempre hemos sido amigos íntimos. Siempre hemos estado satisfechos de nuestra clase económica. Hemos estado satisfechos de trabajar largas horas y gastar nuestras ganancias libremente. Hemos ganado muchas monedas en los años que han pasado, pero para conocer las alegrías que provienen de la riqueza, debemos soñar con ellas. ¡Bah! ¿Somos más que ovejas tontas? Vivimos en la ciudad más rica de todo el mundo. Los viajeros dicen que ninguna la iguala en riqueza.

» A nuestro alrededor hay mucho despliegue de riqueza, pero nosotros mismos no tenemos nada. Después de media vida de duro trabajo, tú, mi mejor amigo, tienes el monedero vacío y me dices:

»—¿Me prestas dos siclos hasta después de la fiesta de los nobles de esta noche?

» Entonces, ¿qué respondo? ¿Digo: «Aquí está mi bolsa; su contenido lo compartiré con gusto?» No, admito que mi bolsa está tan vacía como la tuya. ¿Cuál es el problema? ¿Por qué no podemos adquirir plata y oro, más que suficiente para la comida y la ropa?

» Considera también a nuestros hijos —continuó Bansir—, ¿no están siguiendo los pasos de sus padres? ¿Es necesario que ellos y sus familias y sus hijos y las familias de sus hijos

26

vivan toda su vida en medio de semejantes tesoros de oro y, sin embargo, se contenten, como nosotros, con banquetes de leche de cabra agria y gachas?

—Nunca, en todos los años de nuestra amistad, habías hablado así Bansir —Kobbi se quedó perplejo.

—Nunca en todos estos años había pensado así. Desde el amanecer hasta que la oscuridad me detuvo, he trabajado para construir los mejores carruajes que cualquier hombre pudiera hacer, esperando de corazón que algún día los Dioses reconocieran mis dignas hazañas y me otorgaran gran prosperidad.

» Esto nunca lo han hecho. Por fin, me doy cuenta de que nunca lo harán. Por lo tanto, mi corazón está triste. Deseo ser un hombre con medios. Deseo poseer tierras y ganado, tener ropas finas y monedas en mi cartera. Estoy dispuesto a trabajar por estas cosas con toda la fuerza de mi espalda, con toda la habilidad de mis manos, con toda la astucia de mi mente, pero deseo que mis labores sean recompensadas con justicia. ¿Qué pasa con nosotros?

» De nuevo les pregunto. ¿Por qué no podemos tener nuestra parte justa de las cosas buenas tan abundantes para aquellos que tienen el oro con el que comprarlas?

—¡Si tuviera la respuesta! —Kobbi respondió—. No estoy más satisfecho que tú.

—Las ganancias de mi lira se agotan rápidamente. A menudo tengo que planear y maquinar para que mi familia no pase hambre. Además, dentro de mi pecho hay un profundo anhelo de una lira lo suficientemente grande como para que pueda cantar realmente los acordes de música que surgen en mi mente. Con un instrumento así podría hacer una música más fina que la que ha escuchado hasta el rey.

—Deberías tener una lira así. Ningún hombre en toda Babilonia podría tocarla más dulcemente; podrías producir las más dulces melodías que, no sólo el rey, sino los dioses mismos estarían encantados de escuchar.

¿Pero cómo puedes intentarlo mientras ambos somos tan pobres como los esclavos del rey? ¡Escucha la campana! Aquí vienen.

Señaló la larga columna de aguadores medio desnudos y sudorosos que subían trabajosamente por la estrecha calle del río. Iban cinco en fila, cada uno de ellos encorvado bajo una pesada piel de cabra con agua.

—Una buena figura de hombre, el que los dirige —Kobbi señaló al portador de la campana que marchaba al frente sin carga—. Un hombre prominente en su propio país es fácil de distinguir.

—Hay muchas figuras importantes —respondió Bansir— tan buenos hombres como nosotros. Hombres altos y rubios del norte, negros risueños del sur, morenitos de los países

28

más cercanos. Todos marchando juntos desde el río hasta los jardines, ida y vuelta, día tras día, año tras año. Nada de felicidad que esperar. Camas de paja para dormir y gachas de grano duro para comer.

—¡Piedad por los pobres brutos, Kobbi!

—Me compadezco de ellos. Sin embargo, me haces ver cuán poco mejores somos nosotros, los hombres libres.

—Esa es la verdad, Kobbi, aunque sea un pensamiento desagradable. No queremos seguir año tras año viviendo una vida como esclavos. Trabajando, trabajando, trabajando. Sin llegar a ninguna parte.

—¿No podríamos averiguar cómo adquieren el oro los demás y hacer como ellos? —preguntó Kobbi.

—Tal vez haya algún secreto que podamos conocer si buscamos a los que saben —respondió Bansir pensativo.

—Este mismo día —sugirió Kobbi— me he cruzado con nuestro viejo amigo, Arkad, montado en su carruaje de oro. Pero no miró por encima de mi humilde cabeza, como muchos de su posición considerarían que estaba en su derecho. En cambio, agitó la mano para que todos los espectadores le vieran saludar y conceder su sonrisa de amistad a Kobbi, el músico.

—Se dice que es el hombre más rico de toda Babilonia —reflexionó Bansir.

—Se dice que es tan rico que el mismísimo rey busca su ayuda en los asuntos del tesoro —respondió Kobbi

—Tan rico —interrumpió Bansir— que temo que, si me encuentro con él en la oscuridad de la noche, pondré mis manos sobre su gorda cartera.

—Tonterías —reprendió Kobbi— la riqueza de un hombre no está en la cartera que lleva. Un bolso gordo se vacía rápidamente si no hay una corriente de oro que lo rellene. Arkad tiene unos ingresos que mantienen constantemente su monedero lleno, por mucho que gaste generosamente.

—Ingresos, esa es la cuestión —respondió Bansir— Deseo un ingreso que siga fluyendo en mi bolsa, ya sea que me siente en la pared o viaje a tierras lejanas. Arkad debe saber cómo un hombre puede obtener un gran ingreso. ¿Supones que es algo que podría explicar a una mente tan lenta como la mía?

—Creo que le enseñó sus conocimientos a su hijo, Nomasir —respondió Kobbi.

—¿No fue a Nínive y, según se cuenta en la posada, se convirtió, sin ayuda de su padre, en uno de los hombres más ricos de esa ciudad?

—Kobbi, se me ocurrió algo. —Una nueva luz brilló en los ojos de Bansir—. No cuesta nada pedir un consejo sabio a un buen amigo y Arkad siempre lo fue. No importa que nuestras carteras estén tan vacías como el nido del halcón de hace un año. Que eso no nos detenga. Estamos cansados de estar sin oro en medio de la abundancia. Deseamos convertirnos en hombres con recursos. Vamos, vayamos a hablar con Arkad y preguntemos cómo podemos adquirir grandes riquezas.

—Hablas con verdadera inspiración, Bansir. Traes a mi mente un nuevo entendimiento.

» Me haces comprender la razón por la que nunca hemos

encontrado ninguna medida de riqueza. Nunca la hemos buscado. Has trabajado pacientemente para construir los carruajes más robustos de Babilonia. A ese propósito se dedicaron tus mejores esfuerzos. Por lo tanto, en ello tuviste éxito. Me esforcé por convertirme en un hábil intérprete de lira. Y lo logré.

» En aquellas cosas en las que nos esforzamos al máximo tuvimos éxito.

» Los dioses se contentaron con dejarnos continuar así. Ahora, por fin, vemos una luz, brillante como la del sol naciente. Nos pide que aprendamos más para poder prosperar más. Con un nuevo entendimiento encontraremos formas honorables de cumplir nuestros deseos.

—Visitemos a Arkad hoy mismo —instó Bansir— además, pidamos a otros amigos de nuestros días de juventud, a los que no les ha ido mejor que a nosotros, que se nos unan para que ellos también puedan aprender.

—Siempre fuiste muy considerado con tus amigos, Bansir. Por eso tienes muchos amigos. Será como tú dices. Nos vamos hoy y vendrán con nosotros.

El hombre más rico de Babilonia

En la antigua Babilonia vivía un hombre muy rico llamado Arkad. Era famoso por su gran riqueza. También era famoso por su liberalidad. Era generoso con los pobres, y gustaba de apoyar causas nobles. Era generoso con su familia. Era liberal en sus propios gastos. Pero, sin embargo, cada año su riqueza aumentaba.

Y hubo ciertos amigos de juventud que se acercaron a él y le dijeron:

—Tú, Arkad, eres más afortunado que nosotros. Te has convertido en el hombre más rico de toda Babilonia mientras nosotros luchamos por sobrevivir. Tú puedes vestir las mejores prendas y puedes disfrutar de los alimentos más deliciosos, mientras que nosotros debemos contentarnos con vestir a nuestras familias con ropas presentables y alimentarlas lo mejor que podamos.

» Sin embargo, una vez fuimos iguales. Estudiamos con el mismo maestro. Jugamos en los mismos juegos. Y ni en los estudios ni en los juegos nos superasteis. Y en los años posteriores, no has sido un ciudadano más honorable que nosotros.

» Tampoco has trabajado más duro o más fielmente, en la medida en que podemos juzgarlo. ¿Por qué, entonces, un destino caprichoso os ha de señalar para disfrutar de todas las cosas buenas de la vida y nos ignora a nosotros, que somos igualmente merecedores?

Entonces Arkad les reprendió diciendo:

—Si no habéis adquirido más que una mera existencia en los años transcurridos desde que éramos jóvenes es porque o bien no habéis aprendido las leyes que rigen la construcción de la riqueza, o bien no las aplican en su vida.

» La "Fortuna Voluble" es una diosa viciosa que no trae ningún bien permanente a nadie. Por el contrario, lleva a la ruina a casi todos los hombres sobre los que derrama oro inmerecido. Hace derrochadores indiscriminados, que pronto disipan todo lo que reciben y quedan acosados por apetitos y deseos abrumadores que no tienen la capacidad de gratificar. Sin embargo, otros a los que ella favorece se convierten en avaros y atesoran sus riquezas, temiendo gastar lo que tienen, sabiendo que no poseen la capacidad de reemplazarlo. Además, se ven acosados por el miedo a los ladrones y se condenan a una vida de vacío y miseria secreta.

» Probablemente hay otros, que pueden tomar el oro no ganado y añadirlo y continuar siendo ciudadanos felices y contentos. Pero son tan pocos, que sólo los conozco de oídas. Pensad en los hombres que han heredado una riqueza repentina, y ved si estas cosas no son así.

Sus amigos admitieron que de los hombres que conocían que habían heredado riquezas estas palabras eran ciertas, y le rogaron que les explicara cómo había llegado a poseer tanta prosperidad, así que continuó:

—En mi juventud miré a mi alrededor y vi todas las cosas buenas que había para traer felicidad y satisfacción. Y me di cuenta de que la riqueza aumentaba la potencia de todo ello. La riqueza es un poder. Con la riqueza son posibles muchas cosas.

» Se puede adornar el hogar con el más rico mobiliario. Uno puede navegar por los mares lejanos.

» Uno puede deleitarse con los manjares de tierras lejanas. Uno puede comprar los adornos del orfebre y del pulidor de piedras. Uno puede incluso construir poderosos templos para los dioses.

» Uno puede hacer todas estas cosas y muchas otras en las que hay deleite para los sentidos y gratificación para el alma.

» Y, cuando me di cuenta de todo esto, decidí para mí mismo que reclamaría mi parte de las cosas buenas de la vida. No sería uno de los que se mantienen alejados, mirando con envidia cómo disfrutan los demás. No me conformaría con vestirme con la ropa más barata que pareciera respetable. No me conformaría con la suerte de un pobre. Por el contrario,

34

me haría un invitado a este banquete de cosas buenas.

» Siendo, como usted sabe, el hijo de un humilde comerciante, uno de una familia numerosa sin esperanza de herencia, y no estando dotado, como usted ha dicho tan francamente, de poderes o sabiduría superiores, decidí que si quería lograr lo que deseaba, se requeriría tiempo y estudio.

» En cuanto al tiempo, todos los hombres lo tienen en abundancia. Vosotros, cada uno, habéis dejado pasar suficiente tiempo para haberos enriquecido. Sin embargo, admitís; no tenéis nada que mostrar, salvo vuestras buenas familias, de las que podéis estar justamente orgullosos.

» En cuanto al estudio, ¿no nos enseñó nuestro sabio maestro que el aprendizaje era de dos clases: una clase es la de las cosas que aprendemos y conocemos, y la otra es la formación que nos enseña a averiguar lo que no sabemos?

» Por eso decidí averiguar cómo se puede acumular riqueza, y cuando lo hubiera averiguado, hacer esta mi tarea y hacerla bien. Porque, ¿no es prudente que disfrutemos mientras habitamos en el brillo del sol, pues bastantes penas descenderán sobre nosotros cuando partamos hacia la oscuridad del mundo del espíritu?

» Encontré un empleo como escriba en la sala de los registros, y trabajé largas horas cada día sobre las tablillas de arcilla. Semana tras semana, y mes tras mes, trabajé, pero no tuve nada que mostrar por mis veinticuatro años de trabajo. La comida, la ropa y la penitencia a los dioses, y otras cosas que no recuerdo, absorbían todas mis ganancias. Pero mi determinación no me abandonó.

» Un día Algamish, el prestamista, vino a la casa del maestro de la ciudad y pidió un ejemplar de la Novena Ley, y me dijo: «Debo tener esto en dos días, y si la tarea está hecha para entonces, dos cobres te daré».

» Así que trabajé duro, pero la ley fue larga, y cuando Algamish regresó la tarea estaba inconclusa. Se enfadó, y si yo hubiera sido su esclavo, me habría golpeado. Pero sabiendo que el amo de la ciudad no le permitiría herirme, no tuve miedo, así que le dije: «Algamish, eres un hombre muy rico. Dime cómo puedo hacerme rico también, y toda la noche tallaré en la arcilla, y cuando salga el sol estará terminado».

» Me sonrió y me contestó: «Eres un bribón, pero lo llamaremos un trato».

» Toda esa noche tallé, aunque me dolía la espalda y el olor de la mecha me provocaba un fuerte dolor de cabeza hasta que mis ojos apenas podían ver. Pero cuando regresó al amanecer, las tablas estaban completas.

» Ahora, —dije— dime lo que me prometiste.

—Has cumplido tu parte de nuestro trato —me dijo amablemente—, y yo estoy dispuesto a cumplir la mía. Te contaré lo que deseas saber porque me estoy convirtiendo en un anciano, y a una lengua vieja le gusta hablar. Y cuando la juventud acude a la edad en busca de consejo, recibe la sabiduría de los años. Pero con demasiada frecuencia la juventud piensa que la edad sólo conoce la sabiduría de los días pasados, y por eso no se beneficia. Pero recuerda esto, el sol que brilla hoy es el sol que brillaba cuando tu padre nació, y seguirá brillando cuando tu último nieto pase a la oscuridad.

» Los pensamientos de la juventud —continuó— son luces brillantes que resplandecen como los meteoros que a menudo hacen brillar el cielo, pero la sabiduría de la edad es como las estrellas fijas que brillan de manera tan inalterable que el marinero puede confiar en ellas para dirigir su rumbo.

» Fijaos bien en mis palabras, porque si no lo hacéis no entenderéis la verdad que os voy a decir, y pensaréis que vuestro trabajo nocturno ha sido en vano.

—Entonces me miró astutamente por debajo de sus desgreñadas cejas y dijo en un tono bajo y contundente, «encontré el camino de la riqueza cuando decidí que una parte de todo lo que ganaba era mío para conservarlo. Y tú también lo harás».

» Luego siguió mirándome con una mirada que pude sentir que me atravesaba, pero no dijo nada más.

» ¿Eso es todo?

—Eso fue suficiente para cambiar el corazón de un pastor de ovejas por el de un prestamista —respondió.

—Pero todo lo que gano es mío, ¿no es así?

—Lejos de eso —respondió— ¿No pagas al fabricante de ropa? ¿No pagas al fabricante de sandalias? ¿No pagas lo que comes? ¿Acaso puedes vivir en Babilonia sin gastar? ¿Qué tienes para mostrar tus ganancias de la última semana? ¿Qué hay del año pasado? ¡Tonto! Pagas a todos menos a ti mismo. Tonto, trabajas para otros. Es como si fueras un esclavo y trabajaras por lo que tu amo te da para comer y vestir. Si guardaras para ti una décima parte de todo lo que ganas, ¿cuánto tendrías en diez años?

—Mi conocimiento de los números no me abandonó, y respondí: «Todo lo que ganaría en un año».

—No dices más que la mitad de la verdad —replicó— Cada pieza de oro que ahorras es un esclavo que trabaja para ti. Cada cobre que gana es su hijo que también puede ganar para ti. Si quieres ser rico, entonces lo que ahorras debe ganar, y sus hijos deben ganar, para que todos ayuden a darte la abundancia que anhelas.

» Crees que te exploto por tu largo trabajo nocturno —continuó— pero lo que te pago puede valer mil veces más si tienes la inteligencia de captar la verdad que te ofrezco.

» Una parte de todo lo que ganes es tuya para conservarla. No debe ser menos de una décima parte por poco que ganes. Puede ser tanto como puedas permitirte. Págate a ti mismo primero. No compres al fabricante de ropa ni al de sandalias más de lo que puedas pagar con el resto y aun así tener suficiente para la comida y la caridad y la penitencia a los dioses.

» La riqueza, como un árbol, crece a partir de una pequeña semilla. El primer cobre que ahorres es la semilla de la que crecerá tu árbol de la riqueza.

» Cuanto antes plantes esa semilla, antes crecerá el árbol. Y cuanto más fielmente alimentes y riegues ese árbol con ahorros constantes, antes podrás disfrutar de la satisfacción bajo su sombra.

—Así que tomó sus tabletas y se fue.

» Pensé mucho en lo que me había dicho, y me pareció razonable. Así que decidí que lo probaría. Cada vez que me pagaban, tomaba una de cada diez piezas de cobre y la escondía. Y por extraño que parezca, no me faltaron fondos, como antes. No noté mucha diferencia, ya que me las arreglaba sin esas monedas. Pero a menudo me sentí tentado, cuando mi tesoro empezó a crecer, a gastarlo en alguna de las cosas buenas que los mercaderes exhibían, traídas por camellos y barcos desde la tierra de los fenicios. Pero sabiamente me abstuve.

» Un duodécimo mes después de que Algamish se hubiera ido, volvió de nuevo y me dijo: «Hijo, ¿te has pagado a ti mismo no menos de la décima parte de todo lo que has ganado durante el último año?».

Respondí con orgullo: —Sí, maestro, lo he hecho.

—Eso está bien—, me contestó radiante— ¿y qué has hecho con el dinero?

—Se lo he dado a Azmur, el fabricante de ladrillos, que me dijo que estaba viajando por los mares lejanos y que en Tiro compraría para mí las raras joyas de los fenicios. Cuando regrese las venderemos a precios elevados y dividiremos las ganancias.

—Todo tonto debe aprender —gruñó— pero ¿por qué confiar en los conocimientos de un fabricante de ladrillos sobre las joyas? ¿Iríais a preguntar al panadero sobre las estrellas? No, por mi túnica, irías al astrólogo, si tuvieras poder de pensar. Tus ahorros han desaparecido, joven, has arrancado de raíz tu árbol de la riqueza. Pero planta otro. Inténtalo de nuevo. Y la próxima vez, si quieres un consejo sobre joyas, ve al comerciante de joyas. Si quieres saber la verdad sobre las ovejas, ve al pastor. El consejo es una cosa que se da gratuitamente, pero ten cuidado de tomar sólo lo que vale la pena. Quien acepte el consejo sobre sus ahorros de alguien inexperto en tales asuntos, pagará con sus ahorros por demostrar la falsedad de sus opiniones. Diciendo esto, se marchó.

—Y pasó lo que él dijo. Porque los fenicios son unos sinvergüenzas y vendieron a Azmur trozos de cristal sin valor que parecían gemas. Pero como Algamish me había ordenado, volví a guardar cada décima de cobre, pues ahora había adquirido el hábito y ya no me resultaba difícil.

»'De nuevo, doce meses después, Algamish vino a la sala de los escribas y se dirigió a mí.

—¿Qué progresos has hecho desde la última vez que te vi?

—Me he pagado fielmente, —respondí— y mis ahorros se los he confiado a Agger, el fabricante de escudos, para que compre bronce, y cada cuatro meses me paga el alquiler.

—Eso es bueno. ¿Y qué haces con las utilidades?

—Hago un gran festín con miel y vino fino y pastel especiado. También me he comprado una túnica escarlata. Y algún día me compraré un asno joven para montar.

Algamish se rió: —Te comes a los niños de tus ahorros. Entonces, ¿cómo esperas que trabajen para ti?

» Consigue primero un ejército de esclavos de oro y entonces podrás disfrutar de muchos y ricos banquetes sin arrepentirte. Y diciendo esto se marchó de nuevo.

—No volví a verlo durante dos años, cuando regresó de nuevo y su rostro estaba lleno de profundas líneas y sus ojos caídos, pues se estaba convirtiendo en un hombre muy viejo. Y me dijo: «Arkad, ¿has conseguido ya la riqueza que soñabas?»

—Y yo respondí: «Todavía no todo lo que deseo, pero algo tengo y gano más, y las ganancias ganan más».

—¿Y todavía sigues los consejos de los fabricantes de ladrillos?

—Sobre la fabricación de ladrillos dan buenos consejos —respondí.

—Arkad —continuó— has aprendido bien tus lecciones. Primero aprendiste a vivir con menos de lo que podías ganar. Luego aprendiste a buscar el consejo de aquellos que, por su propia experiencia, eran competentes para darlo. Y, por último, has aprendido a hacer que el oro trabaje para ti.

» Has aprendido a adquirir dinero, a guardarlo y a utilizarlo. Por lo tanto, eres competente para un puesto de responsabilidad. Me estoy convirtiendo en un anciano. Mis hijos sólo piensan en gastar y no piensan en ganar. Mis intereses son grandes y me temo que hay demasiado que cuidar. Si vas a Nippur y cuidas mis tierras allí, te haré mi socio y compartirás mi patrimonio.

» Así que fui a Nippur y me hice cargo de sus propiedades, que eran grandes. Y como estaba lleno de ambición y dominaba las tres leyes para manejar con éxito la riqueza, pude aumentar en gran medida el valor de sus propiedades.

» Así que prosperé mucho, y cuando el espíritu de Algamish partió a la esfera de las tinieblas, compartí su patrimonio como él había dispuesto según la ley. Así habló Arkad, y cuando terminó su relato, uno de sus amigos dijo: «Fuiste realmente afortunado de que Algamish te hiciera heredero».

—Afortunado sólo en cuanto a que yo tenía el deseo de prosperar antes de conocer a Algamish. ¿Acaso no demostré durante cuatro años mi firmeza de propósito al quedarme con una décima parte de todo lo ganado? ¿Llamarías afortunado a un pescador que durante años estudió de tal manera los hábitos de los peces que con cada cambio de viento pudo echar sus redes sobre ellos? La oportunidad es una diosa altiva que no pierde el tiempo con los que no están preparados.

42

—Tuviste una gran fuerza de voluntad para seguir adelante después de perder los ahorros del primer año. En ese sentido es usted excepcional —dijo un observador.

—¡Fuerza de voluntad! —replicó Arkad—. Qué tontería. ¿Crees que la fuerza de voluntad da a un hombre la fuerza para levantar una carga que el camello no puede llevar, o para arrastrar una carga que los bueyes no pueden mover? La fuerza de voluntad no es más que el propósito inquebrantable de llevar a cabo la tarea que te has propuesto. Si me propongo una tarea, aunque sea insignificante, la llevaré a cabo. Si no, ¿cómo voy a tener confianza en mí mismo para hacer cosas importantes? Si me dijera: «Durante cien días, al cruzar el puente hacia la ciudad, recogeré un guijarro del camino y lo arrojaré al arroyo», lo haría.

» Si al séptimo día pasara sin acordarme, no me diría: «Mañana echaré dos guijarros que también servirán». En cambio, regresaría y lanzaría el guijarro. Ni al vigésimo día me diría: «Arkad, esto es inútil. ¿De qué te sirve echar una piedrecita cada día? Echa un puñado y acaba con ello». No, no diría eso ni lo haría. Cuando me propongo una tarea, la cumplo.

» Por eso me cuido de no empezar tareas difíciles y poco prácticas, porque no terminar los trabajos se convierte en un círculo vicioso.

Y entonces otro amigo tomó la palabra y dijo: —Si lo que cuentas es cierto, y parece como has dicho, razonable, siendo tan simple, si todos los hombres lo hicieran, no habría suficiente riqueza para todos.

—La riqueza crece allí donde los hombres ejercen su energía, —respondió Arkad—. Si un hombre rico construye un nuevo palacio, ¿se esfuma el oro que paga?

—No, el albañil tiene una parte, y el obrero una parte, y el artista una parte. Y todos los trabajadores obtienen una parte. Pero cuando el palacio está terminado, ¿no vale todo lo que costó? ¿Y el suelo sobre el que se levanta no incrementa su valor? ¿Y no vale más el terreno que lo rodea? La riqueza crece de forma mágica. Ningún hombre puede profetizar su límite. ¿No han construido los fenicios grandes ciudades en costas estériles con la riqueza que proviene de sus barcos de comercio en los mares?

—¿Qué nos aconsejas entonces que hagamos para que también nosotros nos enriquezcamos? —preguntó otro de sus amigos—. Los años han pasado y ya no somos jóvenes y no tenemos nada guardado.

—Les aconsejo que toméis la sabiduría de Algamish y se digan a ustedes mismos: «Una parte de todo lo que gano es mía para conservarla». Decidlo por la mañana cuando os levantéis. Díganlo al mediodía. Díganlo por la noche. Díganlo cada hora de cada día. Dígansela a ustedes mismos hasta que las palabras se destaquen como letras de fuego en el cielo.

» Impresiónate con la idea. Llénate de la idea. Luego toma la porción que te parezca prudente. Que no sea menos de una décima parte y déjala a un lado. Organiza tus otros gastos para hacer esto si es necesario. Pero primero guarda esa porción. Pronto te darás cuenta de la sensación de riqueza que supone poseer un tesoro sobre el que sólo tú tienes derecho. A medida que crezca, te estimulará. Una nueva alegría de vivir te emocionará.

» Te esforzarás más para ganar más. Porque del aumento de

tus ganancias, ¿no será también tuyo el mismo porcentaje?

» Después aprende a hacer que tu tesoro trabaje para ti. Hazlo tu esclavo. Haz que sus hijos y los hijos de sus hijos trabajen para ti.

» Asegura una renta para tu futuro. Mira a los ancianos y no olvides que en los días venideros tú también serás contado entre ellos. Por lo tanto, invierte tu tesoro con la mayor precaución para que no se pierda. Las tasas de rendimiento usurarias son sirenas engañosas que cantan sólo para atraer a los incautos a las rocas de la pérdida y el remordimiento.

» Provee también para que tu familia no pase necesidades en caso de que los dioses te llamen a sus reinos. Para tal protección siempre es posible hacer provisiones con pequeños pagos a intervalos regulares. Por lo tanto, el hombre previsor no se demora en esperar que una gran suma esté disponible para tan sabio propósito.

» Asesórate con hombres sabios. Busca el consejo de hombres cuyo trabajo diario es manejar dinero. Deja que te salven de un error como el que yo mismo cometí al confiar mi dinero al juicio de Azmur, el ladrillero. Una pequeña ganancia y segura es mucho más deseable que el riesgo.

» Disfruta de la vida mientras estés aquí. No te esfuerces demasiado ni trates de ahorrar demasiado. Si una décima parte de todo lo que ganes es lo máximo que puedes guardar cómodamente, confórmate con esa parte. Por lo demás, vive de acuerdo con tus ingresos y no seas tacaño ni tengas miedo de gastar. La vida es buena y la vida es rica en cosas que valen la pena y que hay que disfrutar.

Sus amigos le dieron las gracias y se fueron. Algunos guardaron silencio porque no tenían imaginación y no podían entender las sabias palabras. Algunos eran sarcásticos porque pensaban que alguien tan rico debía dividir su riqueza con viejos amigos no tan afortunados. Pero algunos tenían en sus ojos una nueva luz. Se dieron cuenta de que Algamish había vuelto cada vez a la sala de los escribas porque estaba observando a un hombre que salía de las tinieblas hacia la luz. Cuando ese hombre había encontrado la luz, le esperaba un lugar. Nadie podía ocupar ese lugar hasta que él mismo hubiera elaborado su propia comprensión, hasta que estuviera listo para la oportunidad.

Estos últimos fueron los que, en los años siguientes, volvieron a visitar con frecuencia a Arkad, que los recibió con gusto. Les aconsejaba y les transmitía libremente su sabiduría, como siempre hacen los hombres de amplia experiencia. Y les ayudó a invertir sus ahorros de manera que les reportaran un buen interés con seguridad y no se perdieran ni se enredaran en inversiones que no dieran dividendos.

El punto de inflexión en la vida de estos hombres se produjo aquel día en que se dieron cuenta de la verdad que había llegado de Algamish a Arkad y de Arkad a ellos.

"Una parte de todo lo que gano
es mía para conservarla."

"Aprende a hacer que tu tesoro trabaje para ti. Hazlo tu esclavo. Haz que sus hijos y los hijos de sus hijos trabajen para ti."

Siete principios para un bolso magro

La gloria de Babilonia perdura. A través de los tiempos, su reputación llega a nosotros como la más rica de las ciudades, sus tesoros como fabulosos.

Sin embargo, no siempre fue así. Las riquezas de Babilonia fueron el resultado de la sabiduría de su pueblo. Primero tuvieron que aprender a hacerse ricos.

Cuando el Buen Rey, Sargón, regresó a Babilonia tras derrotar a sus enemigos, los elamitas, se encontró con una grave situación. El Canciller Real se lo explicó al rey así:

—Después de muchos años de gran prosperidad traída a nuestro pueblo porque vuestra majestad construyó los grandes canales de riego y los poderosos templos de los dioses, ahora que estas obras están terminadas el pueblo parece incapaz de mantenerse.

» Los obreros están sin empleo. Los comerciantes tienen pocos clientes. Los agricultores no pueden vender sus productos. El pueblo no tiene suficiente oro para comprar comida.

—Pero ¿dónde ha ido a parar todo el oro que hemos gastado para estas grandes mejoras? —preguntó el rey.

—Me temo que ha llegado a manos de unos pocos hombres muy ricos de nuestra ciudad —respondió el canciller—. Se filtró entre los dedos de la mayoría de nuestra gente tan rápidamente como la leche de cabra pasa por el colador. Ahora que la corriente de oro ha dejado de fluir, la mayoría de nuestra gente no tiene nada para subsistir.

El rey se quedó pensativo durante algún tiempo. Luego preguntó: —¿Por qué tan pocos hombres pueden adquirir todo el oro?

—Porque saben cómo —respondió el Canciller—. No se puede condenar a un hombre por tener éxito. Tampoco se puede, con justicia, quitarle a un hombre lo que se ha ganado con justicia, para dárselo a hombres con menos capacidad.

—Pero ¿por qué?, preguntó el rey—. ¿No debería todo el pueblo aprender a acumular oro y, por tanto, hacerse rico y próspero?

—Es muy posible, su excelencia. ¿Pero quién puede enseñarles? Ciertamente no los sacerdotes, porque no saben nada de hacer dinero.

—¿Quién es el que sabe en toda nuestra ciudad cómo hacerse rico, Canciller?

—Su pregunta se responde sola, su majestad. ¿Quién ha amasado la mayor riqueza, en Babilonia?

—Bien dicho, mi hábil Canciller. Es Arkad. Es el hombre más rico de Babilonia. Tráelo ante mí mañana.

Al día siguiente, tal y como había decretado el rey, Arkad se presentó ante él, erguido y ágil a pesar de sus siete decenas de años.

—Arkad —habló el rey—, ¿Es cierto que eres el hombre más rico de Babilonia?

—Así se informa, su majestad, y nadie lo discute.

—¿Cómo te hiciste tan rico?

—Aprovechando las oportunidades disponibles para todos los ciudadanos de nuestra buena ciudad.

—¿No tenías nada para empezar?

—Sólo un gran deseo de riqueza. Además de esto, nada.

—Arkad, —continuó el Rey—, nuestra ciudad se encuentra en un estado muy infeliz porque unos pocos hombres saben cómo adquirir riqueza y, por lo tanto, la monopolizan, mientras que la masa de nuestros ciudadanos carece del conocimiento de cómo mantener cualquier parte del oro que reciben.

—Es mi deseo que Babilonia sea la ciudad más rica del mundo. Por lo tanto, debe ser una ciudad de muchos hombres ricos. Por lo tanto, debemos enseñar a todo el pueblo cómo adquirir riquezas. Dime, Arkad, ¿hay algún secreto para adquirir riqueza? ¿Se puede enseñar?

—Es práctico, su majestad. Lo que un hombre sabe puede ser enseñado a otros.

Los ojos del rey brillaron. —Arkad, dices las palabras que deseo escuchar. ¿Te prestarás a esta gran causa? ¿Enseñarás tus conocimientos a una escuela de maestros, cada uno de los cuales enseñará a otros hasta que haya suficientes capacitados para enseñar estas verdades a todos los sujetos dignos de mi dominio?

Arkad se inclinó y dijo: —Soy tu humilde servidor. Cualquier conocimiento que posea lo daré con gusto para el mejoramiento de mis semejantes y la gloria de mi Rey. Que tu buen canciller disponga para mí una clase de cien hombres y les enseñaré aquellos siete principios que engordaron mi bolsa.

Quince días más tarde, en cumplimiento de la orden del Rey, los cien elegidos se reunieron en la gran sala del Templo de la Enseñanza, sentados sobre aros de colores en semicírculo. Arkad se sentó junto a un pequeño banco sobre el que humeaba una lámpara sagrada que desprendía un olor extraño y agradable.

—Contemplad al hombre más rico de Babilonia, —susurró un estudiante, dando un codazo a su vecino mientras Arkad se levantaba—. No es más que un hombre como el resto de nosotros.

—Como súbdito obediente de nuestro gran rey, —comenzó Arkad—, me presento ante ustedes en su servicio.

» Porque una vez fui un joven pobre que deseaba mucho el oro, y porque encontré conocimientos que me permitieron adquirirlo, el rey pide que imparta mis conocimientos.

» Comencé mi fortuna de la manera más humilde. No tuve ninguna ventaja que no disfruten ustedes y todos los ciudadanos de Babilonia.

» El primer almacén de mi tesoro fue un pozo-monedero. Detestaba su vacío inútil. Deseaba que fuera redondo y lleno, tintineando con el sonido del oro. Por lo tanto, busqué los principios para un monedero magro. Encontré siete.

» A vosotros, que estáis reunidos ante mí, os explicaré los siete principios para un bolso magro que recomiendo a todos los hombres que desean mucho oro. Cada día, durante siete días, os explicaré uno de los siete principios.

» Escucha atentamente el conocimiento que voy a impartir. Debatidlo conmigo. Discutidlo entre vosotros. Aprended a fondo estas lecciones, para que también podáis plantar en vuestra bolsa la semilla de la riqueza. En primer lugar, cada uno de vosotros debe empezar sabiamente para construir una fortuna propia. Entonces serás competente, y sólo entonces, podrán enseñar estas verdades a otros.

» Les enseñaré de forma sencilla cómo engordar sus bolsos. Este es el primer paso que conduce al templo de la riqueza, y ningún hombre puede subir que no pueda plantar sus pies firmemente en el primer escalón.

» Ahora consideraremos el primer principio.

Arkad se dirigió a un hombre pensativo de la segunda fila.

—Mi buen amigo, ¿en qué oficio trabajas?

—Yo, —respondió el hombre—, soy un escriba y grabo registros en las tabletas de arcilla.

—Incluso con ese trabajo yo mismo gané mis primeros cobres. Por lo tanto, tienes la misma oportunidad de construir una fortuna que yo tuve.

Arkad se dirigió a un hombre de rostro florido, más atrás.

—Dime también qué haces para ganarte el pan.

—Yo, —respondió el hombre—, soy carnicero. Compro las cabras que crían los campesinos y las mato y vendo la carne a las amas de casa y las pieles a los fabricantes de sandalias.

—Porque tú también trabajas y ganas, tienes todas las ventajas para triunfar que yo poseía.

De este modo, Arkad procedió a averiguar cómo trabajaba cada hombre para ganarse la vida. Cuando terminó de interrogarlos, dijo:

—Ahora, alumnos míos, podéis ver que hay muchos oficios y trabajos en los que los hombres pueden ganar monedas. Cada una de las formas de ganar es una corriente de oro de la que el trabajador desvía por sus labores una parte para su propio bolsillo.

—Por lo tanto, en el monedero de cada uno de vosotros fluye un chorro de monedas grandes o pequeñas según su capacidad. ¿No es así?

En consecuencia, estuvieron de acuerdo en que así era.

—Entonces, —continuó Arkad—, si cada uno de vosotros desea construir para sí mismo una fortuna, ¿no es prudente empezar utilizando esa fuente de riqueza que ya tiene establecida?

Todos asintieron.

Entonces Arkad se dirigió a un humilde hombre que se había declarado comerciante de huevos.

—Si seleccionas una de tus cestas y pones en ella cada mañana diez huevos y sacas de ella cada noche nueve huevos, ¿qué pasará finalmente? Con el tiempo se convertirá en algo desbordante. ¿Por qué?

—Porque cada día pongo un huevo más de los que saco.

Arkad volteó hacia la clase con una sonrisa:

—¿Alguno de los presentes tiene un bolso magro?

Primero parecían divertidos. Luego se rieron. Por último, agitaron sus carteras en broma.

—Muy bien —continuó—, ahora les contaré el primer principio que aprendí para obtener un monedero lleno.

» Haz exactamente lo que le he sugerido al comerciante de huevos. Por cada diez monedas que coloques en tu monedero saca para su uso sólo nueve. Tu monedero empezará a engordar de inmediato y su peso creciente se sentirá bien en tu mano y traerá satisfacción a tu alma.

» No te burles de lo que digo por su sencillez. La verdad es siempre simple. Te dije que contaría cómo construí mi fortuna. Este fue mi comienzo. Yo también llevaba una cartera magra y la maldecía porque no había nada dentro para satisfacer mis deseos. Pero cuando empecé a sacar de mi cartera sólo nueve partes de las diez que metía, empezó a engordar. Lo mismo ocurrirá con la tuya.

» Ahora contaré una extraña verdad, cuya razón desconozco. Cuando dejé de pagar más de las nueve décimas partes de mis ingresos, me las arreglé igual de bien. No me quedé más corto que antes. Además, al poco tiempo, las monedas me llegaban con más facilidad que antes. Ciertamente, es una ley de los dioses que al que guarda y no gasta cierta parte de todas sus ganancias, el oro le llega más fácilmente. Del mismo modo, aquel cuya bolsa está vacía evita el oro.

» ¿Qué es lo que más deseas? ¿Es la gratificación de tus deseos de cada día, una joya, un poco de galas, mejor vestimenta, más comida; cosas que se van rápidamente y se olvidan? ¿O son los bienes sustanciales, el oro, las tierras, los rebaños, mercancías, inversiones que aportan ingresos? Las monedas que saques de tu monedero traerán lo primero. Las monedas que dejes en él traerán lo segundo.

» Esta, alumnos míos, fue la primera cura que descubrí para mi magro monedero: «Por cada diez monedas que pongo, gasto sólo nueve». Debatid esto entre vosotros. Si alguno demuestra que no es cierto, que me lo diga mañana cuando nos volvamos a ver.

El segundo principio

—Algunos de sus compañeros, mis alumnos, me han preguntado lo siguiente:

—¿Cómo puede un hombre guardar la décima parte de todo lo que gana en su monedero cuando todas las monedas que gana no le alcanzan para sus gastos necesarios? —Así se dirigió Arkad a sus alumnos el segundo día.

—Ayer, ¿cuántos de vosotros llevaban monederos magros?

—Todos— respondió la clase.

—Sin embargo, no todos ganan lo mismo. Algunos ganan mucho más que otros. Algunos tienen familias mucho más grandes que mantener. Sin embargo, todos los monederos son igualmente magros. Ahora te diré una verdad inusual sobre los hombres y los hijos de los hombres. Es esta: Que lo que cada uno de nosotros llama nuestros "gastos necesarios" siempre crecerá hasta igualar nuestros ingresos, a menos que nos resistamos.

—No confundáis los gastos necesarios con vuestros deseos. Cada uno de vosotros, junto con vuestras buenas familias, tenéis más deseos de los que vuestros ingresos pueden satisfacer. Por lo tanto, vuestras ganancias se gastan para gratificar estos deseos en la medida en que puedan hacerlo. Sin embargo, conserváis muchos deseos no satisfechos.

—Todos los hombres están cargados con más deseos de los que pueden gratificar. ¿Por mi riqueza crees que puedo satisfacer todos los deseos? Es una idea falsa. Hay límites para mi tiempo. Hay límites para mi fuerza. Hay límites a la distancia que puedo recorrer. Hay límites a lo que puedo comer. Hay límites para el entusiasmo con el que puedo disfrutar.

—Os digo que, al igual que las malas hierbas crecen en un campo allí donde el agricultor deja espacio para sus raíces, así también crecen libremente los deseos en los hombres siempre que existe la posibilidad de satisfacerlos. Tus deseos son muchos y los que puedes satisfacer son pocos.

—Estudia detenidamente tus hábitos de vida cotidianos. En ellos se encuentran a menudo ciertos gastos aceptados que pueden ser sabiamente reducidos o eliminados. Que tu lema sea el cien por cien del valor apreciado exigido por cada moneda gastada.

—Por lo tanto, graba en la arcilla cada cosa en la que desees gastar. Selecciona las que son necesarias y otras que son posibles mediante el gasto de las nueve décimas partes de tus ingresos. Tacha el resto y considéralo sólo una parte de esa gran multitud de deseos que deben quedar insatisfechos y no los lamentes.

—Presupuesta entonces tus gastos necesarios. No toques la décima parte que engorda tu bolsa. Que este sea tu gran deseo que se está cumpliendo. Sigue trabajando con tu presupuesto, sigue ajustándolo para que te ayude. Hazlo tu primer ayudante en la defensa de tu cartera que engorda.

En ese momento, uno de los estudiantes, con una túnica roja y dorada, se levantó y dijo: —Soy un hombre libre. Creo que tengo derecho a disfrutar de las cosas buenas de la vida. Por eso me rebelo contra la esclavitud de un presupuesto que determina cuánto puedo gastar y en qué. Creo que eso le quitaría mucho placer a mi vida y me convertiría en poco más que una pata de banco para llevar una carga.

A él, Arkad le respondió: —¿Quién, amigo mío, determinaría tu presupuesto?

—Yo lo haría por mí mismo—, respondió.

—En ese caso, si un burro de carga tuviera que presupuestar su carga, ¿incluiría en ella joyas y alfombras y pesados lingotes de oro? No es así. Incluiría heno y grano y una bolsa de agua para el camino del desierto.

» El propósito de un presupuesto es ayudar a engordar tu cartera. Es ayudarte a tener tus necesidades y, en la medida de lo posible, tus otros deseos. Es permitirte realizar tus deseos más preciados defendiéndolos de tus deseos casuales. Como una luz brillante en una cueva oscura, tu presupuesto muestra las fugas de tu cartera y te permite detenerlas y controlar tus gastos para fines definidos y gratificantes.

» Este es el segundo principio para engordar tu cartera. Haz un presupuesto de tus gastos para que puedas tener monedas para pagar tus necesidades, para pagar tus disfrutes y para gratificar tus deseos valiosos sin gastar más de nueve décimas partes de tus ganancias.

—He aquí que tu magra bolsa está engordando. Te has disciplinado para dejar en ella la décima parte de todo lo que ganas. Has controlado tus gastos para proteger tu creciente tesoro. A continuación, consideraremos los medios para poner tu tesoro a trabajar y aumentar. El oro en una bolsa es gratificante de poseer y satisface a un alma avara, pero no gana nada. El oro que podemos retener de nuestras ganancias no es más que el comienzo. Las ganancias que se obtengan construirán una gran fortuna.

» ¿Cómo, pues, podemos poner nuestro oro a trabajar? Mi primera inversión fue desafortunada, pues lo perdí todo. Su historia la contaré más adelante. Mi primera inversión rentable fue un préstamo que hice a un hombre llamado Aggar, fabricante de escudos. Una vez al año compraba grandes cargamentos de bronce traídos del otro lado del mar para utilizarlos en su comercio. Al carecer de capital suficiente para pagar a los mercaderes, pedía prestado a los que tenían monedas de más. Era un hombre honrado. Sus préstamos los devolvía, junto con un generoso alquiler, cuando vendía sus escudos.

» Cada vez que le prestaba, le devolvía también la renta que me había pagado. Por lo tanto, no sólo aumentaba mi capital, sino que también aumentaban mis ganancias. Lo más gratificante era que estas sumas volvieran a mi cartera.

» Os digo, alumnos míos, que la riqueza de un hombre no está en las monedas que lleva en su monedero; es la renta que construye, la corriente de oro que fluye continuamente en su monedero y lo mantiene siempre abultado. Eso es lo que todo hombre desea. Eso es lo que tú, cada uno de vosotros, desea; un ingreso que continúe llegando tanto si trabajas como si viajas.

» Grandes ingresos he adquirido. Tan grandes que me llaman un hombre muy rico. Mis préstamos a Aggar fueron mi primer entrenamiento en inversiones rentables. Adquiriendo sabiduría de esta experiencia, amplié mis préstamos e inversiones a medida que mi capital aumentaba. De unas pocas fuentes al principio, a muchas fuentes más tarde, fluyó hacia mi cartera una corriente dorada de riqueza disponible para los usos sabios que yo decidiera. He aquí que de mis humildes ganancias había engendrado un tesoro de esclavos de oro, cada uno de los cuales trabajaba y ganaba más oro. Como ellos trabajaban para mí, así trabajaban también sus hijos y los hijos de sus hijos, hasta que los ingresos de sus esfuerzos combinados fueron grandes.

» El oro aumenta rápidamente cuando se obtienen ganancias razonables, como verás a continuación:

» Un agricultor, al nacer su primer hijo, llevó diez piezas de plata a un prestamista y le pidió que las mantuviera en alquiler para su hijo hasta que cumpliera veinte años. El prestamista lo hizo, y acordó que el alquiler sería una cuarta parte de su valor cada cuatro años. El agricultor pidió, porque esta suma la había reservado para su hijo, que el alquiler se añadiera al capital.

» Cuando el muchacho alcanzó la edad de veinte años, el granjero fue de nuevo al prestamista para preguntar por la plata. El prestamista le explicó que, como la suma se había incrementado por el interés compuesto, las diez piezas de plata originales se habían convertido en treinta y media.

» El agricultor quedó satisfecho y, como el hijo no necesitaba las monedas, se las dejó al prestamista. Cuando el hijo cumplió los cincuenta años, ya que el padre había pasado al otro mundo, el prestamista pagó al hijo en concepto de liquidación ciento sesenta y siete piezas de plata.

» Así, en cincuenta años, la inversión se había multiplicado por el alquiler casi diecisiete veces.

» Este es, pues, el tercer principio para un monedero gordo: poner cada moneda a trabajar para que reproduzca su especie como los rebaños del campo y contribuya a aportarte ingresos, una corriente de riqueza que fluya constantemente a tu monedero.

El cuarto principio

—La desgracia busca un objetivo débil. El oro en la bolsa de un hombre debe ser guardado con firmeza, de lo contrario se pierde. Por eso es prudente que primero nos aseguremos pequeñas cantidades y aprendamos a protegerlas antes de que los dioses nos confíen otras mayores. —Así habló Arkad el cuarto día a su clase.

» Todo propietario de oro se ve tentado por oportunidades en las que parecería que podría ganar grandes sumas mediante su inversión en los proyectos más plausibles. A menudo, los amigos y parientes entran con entusiasmo en tales inversiones y le instan a seguirlas.

» El primer principio sólido de la inversión es la seguridad de tu capital. ¿Es sabio estar intrigado por mayores ganancias cuando tu capital puede perderse? Yo digo que no. La probabilidad de perder es mucho mayor. Estudia cuidadosamente, antes de desprenderte de tu tesoro, cada garantía de que puede ser recuperado con seguridad. No te dejes engañar por tus propios deseos románticos de hacer riqueza rápidamente.

» Antes de prestarlo a cualquier hombre, asegúrate de su capacidad de reembolso y de su reputación para hacerlo, para que no le regales involuntariamente tu tesoro duramente ganado.

» Antes de confiarlo como inversión en cualquier campo, infórmate de los peligros que pueden acecharlo.

» Mi propia primera inversión fue una tragedia para mí en aquel momento. Mis ahorros de un año se los confié a un fabricante de ladrillos, llamado Azmur, que estaba viajando por los mares lejanos y en Tiro aceptó comprar para mí las raras joyas de los fenicios. Las venderíamos a su regreso y nos repartiríamos las ganancias.

» Los fenicios eran unos sinvergüenzas y le vendieron trozos de cristal. Mi tesoro se perdió. Hoy en día, mi formación me mostraría de inmediato la locura de confiar a un fabricante de ladrillos la compra de joyas.

» Por lo tanto, te aconsejo desde la sabiduría de mis experiencias: no confíes demasiado en tu propia sabiduría al confiar tus tesoros a las posibles trampas de las inversiones. Es mejor, por mucho, consultar la sabiduría de quienes tienen experiencia en el manejo de dinero con fines de lucro. Estos consejos se ofrecen gratuitamente y pueden tener un valor equivalente en oro a la suma que consideres invertir. En verdad, tal es su valor real si te salva de la pérdida.

» Este es, pues, el cuarto principio para un bolso gordo, y de gran importancia si evita que tu monedero se vacíe una vez que esté bien lleno. Evita que tu tesoro se pierda invirtiendo sólo donde tu capital esté seguro, donde pueda ser reclamado si lo deseas, y donde no dejes de cobrar una renta justa. Consulta a los sabios. Asegúrate de contar con el consejo de quienes tienen experiencia en el manejo rentable del oro. Deja que su sabiduría proteja tu tesoro de inversiones inseguras.

El quinto principio

—Si un hombre reserva nueve partes de sus ganancias para vivir y disfrutar de la vida, y si alguna parte de estas nueve partes puede convertirla en una inversión rentable sin perjuicio de su bienestar, entonces sus tesoros crecerán mucho más rápido. —Así habló Arkad a su clase en la quinta lección.

» Demasiados de nuestros hombres de Babilonia crían a sus familias en habitaciones indecorosas. Pagan a propietarios exigentes alquileres liberales por habitaciones donde sus esposas no tienen un lugar para plantar las flores que alegran el corazón de una mujer y sus hijos no tienen lugar para jugar, excepto en los callejones inmundos.

» Ninguna familia de hombres puede disfrutar plenamente de la vida si no dispone de una parcela en la que los niños puedan jugar en la tierra limpia y en la que la esposa pueda cultivar no sólo flores sino también buenas y ricas hierbas para alimentar a su familia.

» Al corazón de un hombre le alegra comer los higos de sus propios árboles y las uvas de sus propias vides. Ser dueño de su propio domicilio y tenerlo como un lugar que se enorgullece de cuidar, pone confianza en su corazón y un mayor esfuerzo detrás de todos su trabajo. Por lo tanto, recomiendo que cada hombre sea dueño del techo que lo cobija a él y a los suyos.

» Tampoco está más allá de la capacidad de cualquier hombre bien intencionado ser dueño de su casa. ¿Acaso nuestro gran rey no ha ampliado tanto las murallas de Babilonia que dentro de ellas hay muchas tierras sin utilizar y que pueden comprarse por sumas muy razonables?

» También os digo, alumnos míos, que los prestamistas consideran con gusto los deseos de los hombres que buscan casa y tierra para sus familias.

» Fácilmente puedes pedir prestado para pagar al albañil y al constructor para tan loables propósitos, si puedes mostrar una porción razonable de la suma necesaria que tú mismo has provisto para el propósito.

» Entonces, cuando la casa esté construida, podrás pagar al prestamista con la misma regularidad con la que pagaste al propietario. Porque cada pago reduce tu deuda con el prestamista, unos pocos años satisfarán su préstamo.

» Entonces tu corazón se alegrará porque poseerás por derecho propio una valiosa propiedad y tu único coste será el de los impuestos del rey. También tu buena esposa irá más a menudo al río a lavar tus ropas, para que cada vez que regrese traiga un odre de agua para verter sobre las plantas que crecen. Así llegan muchas bendiciones al hombre que es dueño de su propia casa. Y reducirá en gran medida su costo de vida, haciendo disponible más de sus ganancias para los placeres y la gratificación de sus deseos. Este es, pues, el quinto remedio para la escasez de dinero: Ser dueño de tu propia casa.

—La vida de todo hombre transcurre desde su infancia hasta su vejez. Este es el camino de la vida y ningún hombre puede desviarse de él, a menos que los dioses lo llamen prematuramente al mundo del más allá. Por lo tanto, digo que al hombre le corresponde prepararse para tener unos ingresos adecuados en los días venideros, cuando ya no sea joven, y hacer preparativos para su familia en caso de que ya no esté con ellos para consolarlos y mantenerlos. Esta lección te instruirá en la provisión de una bolsa completa cuando el tiempo te haya hecho menos capaz de aprender. —Así se dirigió Arkad a su clase el sexto día.

» El hombre que, debido a su comprensión de las leyes de la riqueza, adquiere un excedente creciente, debería pensar en esos días futuros. Debería planear ciertas inversiones o provisiones que puedan durar con seguridad muchos años, y que estén disponibles cuando llegue el momento que tan sabiamente ha anticipado.

» Hay diversas maneras por las que un hombre puede proveer de seguridad a su futuro. Puede proporcionar un escondite y enterrar allí un tesoro secreto. Sin embargo, no importa con qué habilidad se oculte, puede convertirse en el botín de los ladrones. Por esta razón, no recomiendo este plan.

» Un hombre puede comprar casas o tierras con este propósito. Si se eligen sabiamente en cuanto a su utilidad y valor en el futuro, son permanentes en su valor y sus ganancias o su venta proporcionarán utilidades.

» Un hombre puede prestar una pequeña suma al prestamista

y aumentarla en períodos regulares. La renta que el prestamista añade a ésta contribuirá en gran medida a su incremento. Conozco a un fabricante de sandalias, llamado Ansan, que me explicó no hace mucho que cada semana, durante ocho años, había depositado en su prestamista dos piezas de plata. El prestamista le había dado hace poco una cuenta por la que se alegró mucho. El total de sus pequeños depósitos, con su alquiler a la tasa habitual de un cuarto de su valor por cada cuatro años, se había convertido en mil cuarenta piezas de plata.

» Con mucho gusto le animé aún más demostrándole con mi conocimiento de los números que en doce años más, si mantenía su depósitos regulares de sólo dos piezas de plata cada semana, el prestamista le debería entonces cuatro mil piezas de plata, una suma digna para el resto de su vida.

» Seguramente, cuando un pago tan pequeño hecho con regularidad produce resultados tan rentables, ningún hombre puede permitirse no asegurar un tesoro para su vejez y la protección de su familia, por muy prósperos que sean sus negocios y sus inversiones.

» Me gustaría poder decir algo más sobre esto. En mi mente descansa la creencia de que algún día los hombres sabios idearán un plan de seguro contra la muerte por el que muchos hombres paguen regularmente una suma insignificante, y que el conjunto constituya una suma generosa para la familia de cada miembro que pase al más allá. Esto sí lo veo como algo deseable y que podría recomendar encarecidamente.

» Pero hoy no es posible porque debe llegar más allá de la vida de cualquier hombre o de cualquier sociedad para funcionar. Debe ser tan estable como el trono del Rey. Algún día siento

70

que tal plan se hará realidad y será una gran bendición para muchos hombres, porque incluso el primer pequeño pago pondrá a disposición de la familia de un miembro una fortuna ajustada en caso de que fallezca.

» Pero como vivimos en nuestros días y no en los días que han de venir, debemos aprovechar esos medios y maneras de cumplir nuestros propósitos. Por lo tanto, recomiendo a todos los hombres que, mediante métodos sabios y bien pensados, prevean una cartera escasa en sus años de madurez. Porque una cartera escasa para un hombre que ya no puede ganar dinero o para una familia sin su cabeza es una dolorosa tragedia.

» Este es, pues, el sexto principio. Provee por adelantado las necesidades de tu creciente edad y la protección de tu familia.

—Hoy les hablo, alumnos míos, de uno de los principios más importantes para un bolsillo gordo.

» Sin embargo, no hablaré del oro, sino de vosotros mismos, de los hombres que se sientan ante mí bajo las túnicas de muchos colores. Les hablaré de las cosas que hay en la mente y en la vida de los hombres y que actúan a favor o en contra de su éxito. —Así se dirigió Arkad a su clase el séptimo día.

» No hace mucho tiempo vino a verme un joven que buscaba un préstamo. Cuando le pregunté la causa de su necesidad, se quejó de que sus ingresos eran insuficientes para pagar sus gastos. Entonces le expliqué que, siendo este el caso, era un mal cliente para el prestamista, ya que no poseía un excedente de ingresos para devolver el préstamo.

» Lo que necesitas, joven, —le dije—, es ganar más monedas. ¿Qué haces para aumentar tu capacidad de ganar?

—Todo lo que puedo hacer, —respondió—. Seis veces en dos lunas me he acercado a mi amo para pedirle que me aumente la paga, pero sin éxito. Ningún hombre puede ir más veces.

—Podemos sonreírnos de su sencillez, pero poseía uno de los requisitos vitales para aumentar sus ganancias. En su interior había un fuerte deseo de ganar más, un deseo adecuado y encomiable.

» Antes de la realización debe estar el deseo. Tus deseos deben ser fuertes y definidos. Los deseos generales no son más que débiles anhelos. Para un hombre desear ser rico es de poco propósito. Que un hombre desee cinco piezas de oro es un deseo tangible que puede presionar para que se cumpla. Una vez que ha respaldado su deseo de cinco piezas de oro con la fuerza del propósito de conseguirlas, puede encontrar formas similares de obtener diez piezas, luego veinte piezas y más tarde mil piezas y, he aquí, que se ha vuelto rico. Al aprender a asegurar su pequeño y definido deseo, se ha entrenado a sí mismo para asegurar uno más grande. Este es el proceso por el cual se acumula la riqueza: primero en pequeñas sumas, luego en sumas mayores a medida que el hombre aprende y se vuelve más capaz.

» Los deseos deben ser simples y definidos. Derrotan su propio propósito si son demasiados, demasiado confusos o van más allá de la formación de un hombre para cumplirlos.

» A medida que el hombre se perfecciona en su vocación, también aumenta su capacidad de ganancia. En aquellos días, cuando era un humilde escriba que tallaba en la arcilla por unas pocas monedas de cobre cada día, observé que otros trabajadores hacían más que yo y se les pagaba más. Por lo tanto, determiné que no sería superado por ninguno. Tampoco tardé en descubrir la razón de su mayor éxito. Más interés en mi trabajo, más concentración en mi tarea, más persistencia en mi esfuerzo, y, he aquí, que pocos hombres podían tallar más tablillas en un día que yo. Con razonable prontitud mi mayor habilidad fue recompensada, ni fue necesario que fuera seis veces a mi maestro para pedirle reconocimiento.

» Cuanto más sabemos de la sabiduría, más podemos ganar. El hombre que busca aprender más de su oficio será ricamente recompensado. Si es un artesano, puede tratar de aprender los métodos y las herramientas de los más hábiles en la misma línea. Si se dedica a la abogacía, puede consultar e intercambiar conocimientos con otros de su misma profesión. Si es un comerciante, puede buscar continuamente mejores productos que puedan comprarse a precios más bajos.

» Siempre cambian y mejoran los asuntos del hombre porque los hombres de mente aguda buscan una mayor habilidad para poder servir mejor a aquellos de cuyo patrocinio dependen. Por lo tanto, exhorto a todos los hombres a estar en la primera fila del progreso y a no quedarse quietos, no sea que se queden atrás.

» Muchas cosas vienen a enriquecer la vida de un hombre con experiencias provechosas. Un hombre que se respeta a si mismo debe hacer lo siguiente:

» Primero, debe pagar sus deudas con toda la prontitud que esté a su alcance, no comprando aquello por lo que no puede pagar.

» Segundo, debe cuidar de su familia para que piensen y hablen bien de él.

» Tercero, debe dejar constancia de su voluntad para que, en caso de que los dioses lo llamen, se realice una división adecuada y honorable de sus bienes.

» Cuarto, debe tener compasión de los heridos y golpeados por la desgracia y ayudarles dentro de unos límites razonables. Debe realizar actos de consideración hacia sus seres queridos.

» Así, el séptimo y último principio para una cartera magra es cultivar tus propias facultades, estudiar y hacerte más sabio, ser más hábil, actuar de tal manera que te respetes a ti mismo. Así adquirirás confianza en ti mismo para lograr tus deseos cuidadosamente considerados.

» Estas son, pues, los siete principios para obtener un bolsillo gordo, que, por la experiencia de una vida larga y exitosa, exhorto a todos los hombres que desean la riqueza. Hay más oro en Babilonia, alumnos míos, de lo que imaginan. Hay abundancia para todos. Sal y practica estas verdades para que prosperes y te enriquezcas, como es tu derecho.

» Ve y enseña estas verdades para que todo súbdito honorable de su majestad pueda también compartir generosamente la amplia riqueza de nuestra amada ciudad.

"Hay más oro en Babilonia, alumnos míos, de lo que imaginan. Hay abundancia para todos. Sal y practica estas verdades para que prosperes y te enriquezcas, como es tu derecho."

Conozca a la diosa de la buena suerte

"Si un hombre tiene suerte, no se puede predecir el alcance posible de su buena fortuna. Lánzalo al Éufrates y lo más probable es que salga nadando con una perla en la mano".

-Proverbio babilónico.

El deseo de tener suerte es universal. Era tan fuerte en los pechos de los hombres hace cuatro mil años en la antigua Babilonia como lo es en los corazones de los hombres de hoy. Todos esperamos ser favorecidos por la caprichosa Diosa de la Buena Suerte.

¿Hay alguna forma de conocerla y atraer, no sólo su atención favorable, sino sus generosos favores? ¿Existe una manera de atraer la buena suerte? Eso es precisamente lo que querían saber los hombres de la antigua Babilonia. Es exactamente lo que decidieron averiguar. Eran hombres astutos y pensadores agudos. Eso explica por qué su ciudad se convirtió en la más rica y poderosa de su tiempo.

En aquel lejano pasado, no tenían escuelas ni colegios. Sin embargo, contaban con un centro de aprendizaje muy práctico. Entre las torres de Babilonia había una que tenía la misma importancia que el Palacio del Rey, los Jardines Colgantes y los templos de los Dioses. En los libros de historia apenas se menciona, más bien no se menciona en absoluto, pero ejerció una poderosa influencia en el pensamiento de la época.

Este edificio era el Templo de la Enseñanza, donde la sabiduría del pasado era expuesta por maestros voluntarios y donde se discutían temas de interés popular en foros abiertos. Dentro de sus muros todos los hombres se reunían como iguales. El más humilde de los esclavos podía discutir impunemente las opiniones de un príncipe de la casa real.

Entre los muchos que frecuentaban el Templo de la Enseñanza, había un sabio rico llamado Arkad, llamado el hombre más rico de Babilonia. Tenía su propia sala especial donde casi cualquier noche se reunía un gran grupo de hombres, algunos viejos, otros muy jóvenes, pero la mayoría de mediana edad, para discutir y argumentar temas interesantes.

El sol acababa de ponerse como una gran bola roja de fuego que brillaba a través de la bruma del polvo del desierto cuando Arkad se dirigió a su plataforma habitual. Ya había cuatro decenas de hombres esperando su llegada, recostados en sus pequeñas alfombras extendidas en el suelo. Todavía llegaban más.

—¿De qué hablaremos esta noche? —preguntó Arkad.

Tras una breve vacilación, un reconocido tejedor de telas se dirigió a él, levantándose como era costumbre.

—Hay un tema que me gustaría que se discutiera, pero dudo en ofrecerlo para que no te parezca ridículo a ti, Arkad, y a mis buenos amigos de aquí.

Al ser instado a ofrecerlo, tanto por Arkad como por las llamadas de los demás, continuó:

—Hoy he tenido suerte, pues he encontrado una bolsa en la que hay piezas de oro. Seguir teniendo suerte es mi gran deseo. Sintiendo que todos los hombres comparten conmigo este deseo, sugiero que debatamos sobre cómo atraer la buena suerte para que descubramos la manera de atraerla hacia uno.

—Se ha ofrecido un tema muy interesante, comentó Arkad, uno muy digno de nuestra discusión. Para algunos hombres, la buena suerte no es más que un suceso fortuito que, como un accidente, puede ocurrirle a uno sin propósito ni razón. Otros creen que la instigadora de toda buena fortuna es nuestra diosa más generosa, Ashtar, siempre deseosa de recompensar con generosos regalos a quienes la complacen. Hablad, amigos míos, ¿qué decís?, ¿buscaremos si hay medios para que la buena suerte nos visite a todos y cada uno de nosotros?

—¡Sí! ¡Sí!, —respondió el creciente grupo de ávidos oyentes. A continuación, Arkad continuó:

—Para empezar nuestra discusión, escuchemos primero a aquellos de entre nosotros que han disfrutado de experiencias similares a la del tejedor de telas al encontrar o recibir, sin esfuerzo por su parte, valiosos tesoros o joyas.

Hubo una pausa en la que todos miraron a su alrededor esperando que alguien respondiera, pero nadie lo hizo.

—¿Qué, nadie? —Arkad dijo— entonces debe ser rara esta clase de buena suerte. ¿Quién va a sugerir ahora dónde debemos continuar nuestra búsqueda?

—Yo lo haré, —dijo un joven bien vestido, levantándose—. Cuando un hombre habla de suerte, ¿no es natural que sus pensamientos se dirijan a las mesas de oro? ¿No es allí donde encontramos a muchos hombres cortejando el favor de la diosa con la esperanza de que los bendiga con ricas ganancias?

Cuando volvió a sentarse, una voz le dijo: —¡No te detengas! ¡Continúa tu historia! Dinos, ¿has encontrado el favor de la diosa en las mesas de juego? ¿Dio la vuelta a los cubos con la cara roja hacia arriba para que llenaras tu bolsa a costa del crupier o permitió que las caras azules salieran hacia arriba para que el crupier se llevara tus duras piezas de plata?

El joven se unió a las risas de buen humor, y luego respondió: —No me resisto a admitir que la diosa de la buena suerte parecía no saber que yo estaba allí. ¿Pero qué hay del resto de ustedes? ¿La has encontrado esperando sobre esos lugares para rodar los cubos, a tu favor? Estamos ansiosos de escuchar y de aprender.

—Un comienzo sabio, —dijo Arkad— Nos reunimos aquí para considerar todos los aspectos de cada cuestión. Ignorar la mesa de juego sería pasar por alto un instinto común en la mayoría de los hombres, el amor por arriesgarse con una pequeña cantidad de plata con la esperanza de ganar mucho oro.

—Eso me recuerda a las carreras de ayer, —dijo otro oyente—. Si la diosa frecuenta las mesas de juego, ciertamente no pasa por alto las carreras donde los carruajes dorados y los caballos espumosos ofrecen mucha más emoción. Dinos sinceramente, Arkad, ¿te susurró que apostaras por esos caballos grises de Nínive ayer? Estaba de pie justo detrás de ti y apenas podía creer lo que oía cuando te oí apostar por los grises. Tú sabes tan bien como cualquiera de nosotros que ningún equipo en toda Asiria puede vencer a nuestros queridos caballos en una carrera justa.

—¿Te susurró la diosa al oído que apostaras por los grises porque en la última curva el un caballo tropezaría e interferiría de tal manera con nuestros caballos que los grises ganarían la carrera y se anotarían una victoria inmerecida?

Arkad sonrió con indulgencia ante la broma.

—¿Qué razón tenemos para pensar que la buena diosa se interesaría tanto por la apuesta de cualquier hombre en una carrera de caballos? Para mí es una diosa del amor y la dignidad cuyo placer es ayudar a los necesitados y recompensar a los que lo merecen. Yo busco encontrarla, no en las mesas de juego o en las carreras donde los hombres pierden más oro del que ganan, sino en otros lugares donde las acciones de los hombres son más valiosas y dignas de recompensa.

» En la labranza de la tierra, en el comercio honesto, en todas las ocupaciones del hombre, existe la oportunidad de obtener un beneficio de sus esfuerzos y sus transacciones. Tal vez no todo el tiempo sea recompensado porque a veces su juicio puede ser erróneo y otras veces los vientos y el clima pueden derrotar sus esfuerzos. Sin embargo, si persiste, normalmente puede esperar obtener beneficios. Esto es así porque las posibilidades de beneficio están siempre a su favor.

» Pero, cuando un hombre apuesta, la situación se invierte, ya que las posibilidades de ganancia están siempre en su contra y siempre a favor del guardián del juego. Es su negocio en el que planea hacer un beneficio liberal para sí mismo de las monedas apostadas por los jugadores. Pocos jugadores se dan cuenta de lo seguras que son las ganancias de la casa y de lo inciertas que son sus propias posibilidades de ganar.

» Por ejemplo, consideremos las apuestas realizadas sobre el cubo. Cada vez que se lanza, apostamos por el lado que estará más arriba. Si es el lado rojo, el maestro del juego nos paga cuatro veces nuestra apuesta. Pero si cualquier otra de las cinco caras sale arriba, perdemos nuestra apuesta. Así, las cifras muestran que por cada lanzamiento tenemos cinco oportunidades de perder, pero como el rojo paga cuatro por uno, tenemos cuatro oportunidades de ganar. En una noche de juego, el maestro del juego puede esperar quedarse con una quinta parte de todas las monedas apostadas. ¿Puede un hombre esperar ganar más que de vez en cuando contra las probabilidades tan dispuestas que debe perder una quinta parte de todas sus apuestas?

—Sin embargo, algunos hombres ganan a veces grandes sumas, —dijo uno de los oyentes.

—Así es, lo hacen, —continuó Arkad—. Al darme cuenta de esto, me surge la pregunta de si el dinero obtenido de esta manera aporta un valor permanente a los que tienen esa suerte. Entre mis conocidos se encuentran muchos de los hombres de éxito de Babilonia, y sin embargo, no puedo nombrar a uno solo que haya comenzado su éxito a partir de tal fuente.

» Ustedes, que están reunidos aquí esta noche, conocen a muchos más de nuestros ciudadanos importantes. Para mí sería muy interesante saber cuántos de nuestros ciudadanos exitosos pueden atribuir a las mesas de juego su comienzo en el éxito. Supongamos que cada uno de ustedes habla de los que conoce. ¿Qué dicen?

Después de un prolongado silencio, un hombre se aventuró a decir: —¿Incluyes en tu pregunta a los guardianes del juego?

—Si no piensas en nadie más, sí —respondió Arkad.

—Si a ninguno de ustedes se les ocurre alguien, ¿qué tal ustedes mismos? ¿Hay algún ganador entre nosotros que dude en aconsejar tal fuente para sus ingresos?

Su desafío fue respondido por una serie de gemidos procedentes de la retaguardia, que se extendieron en medio de muchas risas.

—Parece que no buscamos la buena suerte en los lugares que frecuenta la diosa, —continuó—. Por lo tanto, exploremos otros campos. No la hemos encontrado entre la búsqueda de carteras perdidas. Tampoco la hemos encontrado rondando las mesas de juego. En cuanto a las carreras, debo confesar que he perdido muchas más monedas allí de las que he ganado.

» Ahora, supongamos que consideramos nuestros oficios y negocios. ¿No es natural que, si concluimos una transacción provechosa, no la consideremos buena suerte, sino una justa recompensa por nuestros esfuerzos? Me inclino a pensar que podemos estar pasando por alto los dones de la diosa. Tal vez ella realmente nos asiste cuando no apreciamos su generosidad. ¿Quién puede sugerir una discusión más profunda?

En ese momento, un anciano comerciante se levantó, alisando su gentil túnica blanca.

—Con vuestro permiso, honorable Arkad y amigos míos, os ofrezco una sugerencia. Si, como habéis dicho, damos crédito a nuestra propia industria y habilidad por nuestro éxito comercial, ¿por qué no considerar los éxitos que casi disfrutamos pero que se nos escaparon, sucesos que habrían sido muy provechosos? Habrían sido raros ejemplos de buena suerte si hubieran ocurrido realmente. Como no se cumplieron, no podemos considerarlos como nuestras justas recompensas. Seguramente muchos hombres aquí tienen tales experiencias para relatar.

—Este es un enfoque sabio, —aprobó Arkad—. ¿Quién de vosotros ha tenido buena suerte a su alcance sólo para verla escapar?

Se levantaron muchas manos, entre ellas la del mercader. Arkad le indicó que hablara.

—Como usted sugirió este tema, nos gustaría escucharlo a usted.

—Con mucho gusto contaré una historia, —continuó—, que ilustra cuán cerca de un hombre puede acercarse la buena suerte y cuán ciegamente puede dejarla escapar, para su pérdida y posterior arrepentimiento.

» Hace muchos años, cuando yo era un hombre joven, recién casado y con buenos ingresos, mi padre vino un día y me insistió mucho en que hiciera una inversión. El hijo de uno de sus buenos amigos se había fijado en un terreno baldío no muy lejos de los muros exteriores de nuestra ciudad. Estaba situada en lo alto del canal, donde no llegaba el agua.

» El hijo de un amigo de mi padre ideó un plan para comprar esta tierra, construir tres grandes ruedas de agua que pudieran ser accionadas por bueyes y así elevar las aguas vivificantes a la tierra fértil. Una vez hecho esto, planeó dividirlo en pequeñas extensiones y venderlo a los residentes de la ciudad para que hicieran huertos.

» El hijo del amigo de mi padre no poseía suficiente oro para llevar a cabo tal negocio, a diferencia de mí, un joven que ganaba una buena suma. Su padre, al igual que el mío, era un hombre de familia numerosa y de escasos recursos. Por lo tanto, decidió interesar a un grupo de hombres para asociarse. El grupo debía estar formado por doce, cada uno de los cuales debía ganar dinero y acordar pagar una décima parte de sus ganancias hasta que la tierra estuviera lista para la venta. Entonces todos participarían justamente en los beneficios en proporción a su inversión.

—Tú, hijo mío, —me dijo mi padre—, ya estás en tu juventud. Es mi profundo deseo que empieces a construir un patrimonio valioso, para que llegues a ser respetado entre los hombres. Deseo que te beneficies del conocimiento de los errores irreflexivos de tu padre.

—Esto es lo que más deseo, padre mío, —respondí.

—Entonces, esto te aconsejo. Haz lo que yo debería haber hecho a tu edad. De tus ganancias guarda una décima parte para ponerla en inversiones favorables. Con esta décima parte de tus ganancias y lo que también se gane, podrás, antes de llegar a mi edad, acumular para ti un valioso patrimonio.

—Tus palabras son palabras de sabiduría, padre mío. Deseo mucho las riquezas. Sin embargo, hay muchos usos a los que están destinadas mis ganancias. Por lo tanto, no dudo en hacer lo que tú me aconsejas. Soy joven. Hay mucho tiempo.

—Así pensaba yo a tu edad, pero he aquí que han pasado muchos años y aún no he alcanzado mis metas.

—Vivimos en una época diferente, padre mío. Evitaré tus errores.

—La oportunidad está ante ti, hijo mío. Te ofrece una oportunidad que puede llevarte a la riqueza. Te ruego que no te demores. Ve mañana a ver al hijo de mi amigo y negocia con él el pago del diez por ciento de tus ganancias en esta inversión. Ve pronto al día siguiente. La oportunidad no espera a nadie. Hoy está aquí; pronto se irá. Por lo tanto, no te demores.

—A pesar de los consejos de mi padre, dudé. Había hermosas túnicas nuevas que acababan de traer los comerciantes de Oriente, túnicas de tal riqueza y belleza que mi buena esposa y yo sentíamos que debíamos poseer una cada uno. Si accedía a pagar una décima parte de mis ganancias, tendríamos que privarnos de estos y otros placeres que deseábamos mucho. Retrasé la decisión hasta que fue demasiado tarde, para mi posterior pesar. El negocio resultó ser más rentable de lo que cualquier hombre había profetizado. Este es mi relato, que muestra cómo permití que se me escapara la buena suerte.

—En este relato vemos cómo la buena suerte espera a aquel hombre que acepta la oportunidad, —comentó un moreno del desierto—. Para la construcción de un patrimonio siempre debe haber un comienzo. Ese comienzo puede ser unas pocas piezas de oro o plata que un hombre desvía de sus ganancias para su primera inversión. Yo mismo soy dueño de muchos rebaños. El comienzo de mis rebaños lo hice cuando era un simple muchacho y compré con una pieza de plata un ternero joven. Esto, siendo el comienzo de mi riqueza, fue de gran importancia para mí.

—Dar el primer paso en la construcción de un patrimonio es la mejor suerte que puede tener un hombre. Para todos los hombres, ese primer paso, que los cambia de hombres que ganan con su propio trabajo a hombres que obtienen dividendos de las ganancias de su oro, es importante. Algunos, afortunadamente, lo dan cuando son jóvenes y, por lo tanto, superan en éxito financiero a los que lo dan más tarde o a aquellos hombres desafortunados, como el padre de este comerciante, que nunca lo dan.

» Si nuestro amigo, el comerciante, hubiera dado este paso en su temprana edad cuando se le presentó esta oportunidad, hoy sería bendecido con muchos más bienes de este mundo. Si la buena suerte de nuestro amigo, el tejedor de telas, le hace dar ese paso en este momento, no será, en efecto, más que el principio de una buena fortuna mucho mayor.

—¡Gracias! A mí también me gustaría hablar. —Un desconocido de otro país se levantó—. Soy sirio. No hablo muy bien su lengua. Deseo llamar a este amigo, el comerciante, un nombre. Tal vez pienses que no es educado, este nombre. Sin embargo, me gustaría llamarlo así. Pero, por desgracia, no conozco su palabra. Si lo llamo en sirio, no lo entenderéis. Por lo tanto, por favor, algunos buenos caballeros, díganme ese nombre correcto con el que se llama al hombre que deja de hacer aquellas cosas que podrían ser buenas para él.

—Procrastinador, —dijo una voz.

—Eso es, —gritó el sirio—, agitando las manos con entusiasmo—, no acepta la oportunidad cuando aparece. Él espera. Dice que tiene muchos asuntos en este momento. La oportunidad, no esperará a un tipo tan lento. Ella piensa que si un hombre desea ser afortunado dará un paso rápido. Cualquier hombre que no dé un paso rápido cuando la oportunidad llega, es un gran procrastinador como nuestro amigo, este comerciante.

El mercader se levantó y se inclinó de buena gana en respuesta a las risas. —Mi admiración para ti, forastero a nuestras puertas, que no dudas en decir la verdad.

—Y ahora escuchemos otra historia de oportunidades. ¿Quién tiene para nosotros otra experiencia?, —preguntó Arkad.

—Yo, —respondió un hombre de mediana edad con túnica roja—. Soy un comprador de animales, sobre todo de camellos y caballos. A veces también compro ovejas y cabras. La historia que voy a relatar cuenta con veracidad cómo la oportunidad se presentó una noche en la que menos lo esperaba. Tal vez por esta razón la dejé escapar. De esto seréis vosotros los que juzguéis.

» Al regresar a la ciudad una noche tras un descorazonador viaje de diez días en busca de camellos, me enfadé mucho al encontrar las puertas de la ciudad cerradas y bloqueadas. Mientras mis esclavos extendían nuestra tienda para pasar la noche, que parecía que íbamos a pasar con poca comida y sin agua, se me acercó un anciano agricultor que, como nosotros, se encontraba encerrado fuera.

—Honorable señor, —se dirigió a mí, —por su aspecto, juzgo que es usted un comprador. Si es así, me gustaría mucho venderte el excelente rebaño de ovejas que tengo. Por desgracia, mi buena esposa está muy enferma de fiebre. Debo regresar con toda prisa. Compra mis ovejas para que yo y mis esclavos podamos montar en nuestros camellos y regresar sin demora.

—Estaba tan oscuro que no pude ver su rebaño, pero por los balidos supe que debía ser grande. Después de haber perdido diez días buscando camellos que no pude encontrar, me alegré de negociar con él. En su ansiedad, fijó un precio muy razonable. Acepté, sabiendo bien que mis esclavos podrían conducir el rebaño a través de las puertas de la ciudad por la mañana y venderlo con un beneficio considerable.

» Concluido el trato, llamé a mis esclavos para que trajeran antorchas y pudiéramos contar el rebaño, que el granjero declaró que contenía novecientas. No os agobiaré, amigos míos, con una descripción de nuestra dificultad al intentar contar tantas ovejas sedientas, inquietas y molineras. Resultó ser una tarea imposible. Por lo tanto, informé sin rodeos al granjero de que las contaría al amanecer y le pagaría entonces.

—Por favor, muy honorable señor —suplicó—, pagadme sólo dos tercios del precio esta noche para que pueda seguir mi camino. Dejaré a mi esclavo más inteligente y educado para que le ayude a hacer la cuenta por la mañana. Es de confianza y a él puedes pagarle el resto.

—Pero fui terco y me negué a hacer el pago esa noche. A la mañana siguiente, antes de que me despertara, se abrieron las puertas de la ciudad y cuatro compradores salieron corriendo en busca de rebaños. Estaban muy ansiosos y dispuestos a pagar precios elevados porque la ciudad estaba amenazada de asedio y no abundaban los alimentos. El viejo granjero recibió casi el triple del precio al que me había ofrecido el rebaño.

—He aquí una historia de lo más inusual, —comentó Arkad—. ¿Qué sabiduría sugiere?

—La sabiduría de hacer un pago inmediatamente cuando estamos convencidos de que nuestro trato es sabio, —sugirió un venerable fabricante de sillas de montar—. Si el trato es bueno, entonces necesitas protección contra tus propias debilidades tanto como contra cualquier otro hombre. Los mortales somos cambiantes. Debo decir que somos más propensos a cambiar de opinión cuando tenemos razón que cuando nos equivocamos. Si nos equivocamos, somos muy tercos. Acertados, somos propensos a vacilar y dejar escapar la oportunidad. Mi primer juicio es el mejor. Sin embargo, siempre me ha resultado difícil obligarme a seguir adelante con un buen negocio cuando se hace. Por lo tanto, como protección contra mis propias debilidades, hago un depósito rápido. Esto me salva de lamentaciones posteriores por la buena suerte que debería haber sido mía.

—¡Gracias! De nuevo me gustaría hablar. —El sirio se puso en pie una vez más—. Estos relatos se parecen mucho. Cada vez la oportunidad se esfuma por la misma razón. Cada vez que dudan, piensan que no es el mejor momento y no lo hacen rápido. ¿Cómo pueden los hombres tener éxito de esa manera?

—Sabias son tus palabras, amigo mío, —respondió el comprador de animales—. La buena suerte huyó en estos dos relatos. Sin embargo, esto no es inusual. El espíritu de procrastinación está en todos los hombres. Deseamos las riquezas; sin embargo, cuántas veces, cuando la oportunidad se presenta ante nosotros, ese espíritu de procrastinación interior nos insta a retrasar nuestra aceptación. Al escucharlo nos convertimos en nuestros peores enemigos.

» Al principio pensé que era mi propio mal juicio el que me hacía perder muchas operaciones rentables. Más tarde, se lo atribuí a mi disposición obstinada. Finalmente, reconocí lo que era: un hábito de demora innecesaria donde se requería acción, acción rápida y decisiva. Cómo lo odié cuando se reveló su verdadero carácter. Con la amargura de un asno salvaje enganchado a un carruaje, me liberé de este enemigo del éxito.

—¡Gracias! Me gustaría preguntar algo. —El sirio habló—.

Llevas ropas finas, no como las de un hombre pobre. Hablas como un hombre de éxito. Dinos, ¿escuchas ahora cuando la procrastinación te susurra al oído?

—Al igual que nuestro amigo el comprador de animales, yo también tuve que reconocer y vencer la procrastinación, —respondió el comerciante—. Para mí, resultó ser un enemigo, siempre vigilando y esperando para frustrar mis logros.

—La historia que relaté no es más que una de las muchas instancias similares que podría contar para mostrar cómo me alejó de mis oportunidades. No es difícil de conquistar, una vez que se entiende. Ningún hombre permite voluntariamente que el ladrón robe sus granos. Tampoco nadie permite voluntariamente que un enemigo ahuyente a sus clientes y le robe sus ganancias. Cuando una vez reconocí que actos como estos los cometía mi enemigo, con determinación lo conquisté. Así, todo hombre debe dominar su propio espíritu de dilación antes de esperar participar en los ricos tesoros de Babilonia.

—¿Qué dices, Arkad? Porque eres el hombre más rico de Babilonia, muchos te proclaman el más afortunado. ¿Estás de acuerdo conmigo en que ningún hombre puede llegar a la plenitud del éxito hasta que no haya aplastado por completo el espíritu de la dilación en su interior?

—Es tal como dices, —admitió Arkad—. Durante mi larga vida he visto a una generación tras otra avanzar por las vías del comercio, la ciencia y el aprendizaje que conducen al éxito en la vida. Las oportunidades llegaron a todos estos hombres. Algunos aprovecharon las suyas y avanzaron con paso firme hacia la gratificación de sus deseos más profundos, pero la mayoría vaciló, titubeó y se quedó atrás.

Arkad habló al tejedor de telas. —Sugeriste que debatiéramos sobre la buena suerte. Oigamos lo que piensas ahora sobre el tema.

—Veo la buena suerte bajo una luz diferente. Pensaba en ella como algo muy deseable que podía ocurrirle a un hombre sin esfuerzo por su parte. Ahora me doy cuenta de que esos sucesos no son el tipo de cosas que uno puede atraer hacia sí mismo. De nuestra discusión he aprendido que, para atraer la buena suerte hacia uno mismo, es necesario aprovechar las oportunidades. Por lo tanto, en el futuro, me esforzaré por aprovechar al máximo las oportunidades que se me presenten.

—Has captado bien las verdades expuestas en nuestra discusión, —respondió Arkad—. La buena suerte, como vemos, a menudo sigue a la oportunidad, pero rara vez viene de otra manera. Nuestro amigo el mercader habría encontrado una gran suerte si hubiera aceptado la oportunidad que la buena diosa le presentó. Nuestro amigo el comprador, igualmente, habría disfrutado de buena suerte si hubiera completado la compra del rebaño y hubiera vendido con un beneficio tan grande.

» Hemos seguido esta discusión para encontrar un medio de atraer la buena suerte hacia nosotros. Creo que hemos encontrado el camino. Ambas historias ilustran cómo la buena suerte sigue a la oportunidad. Aquí reside una verdad que muchos cuentos similares de buena suerte, ganados o perdidos no podrían cambiar. La verdad es ésta: La buena suerte se puede atraer aceptando la oportunidad.

» Aquellos que están deseosos de aprovechar las oportunidades para su mejora, atraen el interés de la buena diosa. Ella está siempre ansiosa por ayudar a aquellos que la complacen. Los hombres de acción son los que más favorece.

» La acción te llevará a los éxitos que deseas. Los Hombres de Acción son Favorecidos por la Diosa de la Fortuna.

Las leyes del oro

—Una bolsa cargada de oro o una tabla de arcilla tallada con palabras de sabiduría; si pudieras elegir, ¿qué escogerías?

A la luz parpadeante del fuego de los arbustos del desierto, los rostros bronceados de los oyentes brillaban con interés.

—El oro, el oro, —corearon los veintisiete.

El viejo Kalabab sonrió con una sonrisa de sabiduría.

—Escucha, —continuó, levantando la mano—. Escuchad a los perros salvajes en la noche. Aúllan y se lamentan porque están flacos de hambre. Sin embargo, aliméntalos, ¿y qué hacen? Pelean y se pavonean. Luego luchan y se pavonean un poco más, sin pensar en el mañana que seguramente llegará.

» Lo mismo ocurre con los hijos de los hombres. Si se les da a elegir entre el oro y la sabiduría, ¿qué hacen? Ignoran la

96

sabiduría y desperdician el oro. Al día siguiente se lamentan porque no tienen más oro.

» El oro está reservado para los que conocen sus leyes y las cumplen.

Kalabab se ciñó su túnica blanca alrededor de sus delgadas piernas, pues soplaba un fresco viento nocturno.

—Porque me has servido fielmente en nuestro largo viaje, porque has cuidado bien de mis camellos, porque te has esforzado sin rechistar por las ardientes arenas del desierto, porque has luchado con valentía contra los ladrones que pretendían despojarme de mis mercancías, te contaré esta noche la historia de las cinco leyes del oro, una historia como nunca habías oído.

» Escuchad con profunda atención las palabras que digo, pues si captáis su significado y las atendéis, en los días venideros tendréis mucho oro.

Hizo una pausa impresionante. Arriba, en un dosel azul, las estrellas brillaban en los cielos cristalinos de Babilonia. Detrás del grupo asomaban sus descoloridas tiendas fuertemente estacionadas contra posibles tormentas del desierto. Junto a las tiendas había fardos de mercancía pulcramente apilados y cubiertos de pieles. La manada se extendía en la arena, algunos masticando sus bueyes con satisfacción, otros roncando en ronca discordia.

—Nos has contado muchas buenas historias, Kalabab, —dijo el jefe de los empacadores—. Esperamos que tu sabiduría nos guíe el día de mañana, cuando nuestro servicio contigo llegue a su fin.

—Sólo te he contado mis aventuras en tierras extrañas y lejanas, pero esta noche te hablaré de la sabiduría de Arkad, el sabio rico.

—Mucho hemos oído hablar de él, —reconoció el jefe de los empaquetadores—, pues era el hombre más rico que ha vivido en Babilonia.

—Era el hombre más rico, y eso porque era sabio en los caminos del oro, como ningún hombre lo había sido antes. Esta noche os hablaré de su gran sabiduría, tal como me la contó Nomasir, su hijo, hace muchos años en Nínive, cuando yo no era más que un muchacho.

» Mi amo y yo habíamos permanecido hasta bien entrada la noche en el palacio de Nomasir. Había ayudado a mi amo a traer grandes fardos de finas alfombras, cada una de las cuales debía ser probada por Nomasir hasta satisfacer su elección de colores. Por fin se sintió satisfecho y nos ordenó que nos sentáramos con él y que bebiéramos una rara cosecha, olorosa para las fosas nasales y muy cálida para mi estómago, que no estaba acostumbrado a semejante bebida.

» Entonces, nos contó esta historia de la gran sabiduría de Arkad, su padre, tal como os la contaré a vosotros.

» En Babilonia es costumbre, como sabes, que los hijos de padres ricos vivan con sus padres en espera de heredar su riqueza. Arkad no aprobaba esta costumbre. Por eso, cuando Nomasir llegó a la mayoría de edad, mandó llamar al joven y se dirigió a él:

—Hijo mío, es mi deseo que heredes mi patrimonio. Sin embargo, primero debes demostrar que eres capaz de manejarlo

98

sabiamente. Por lo tanto, deseo que salgas al mundo y demuestres tu habilidad tanto para adquirir oro como para hacerte respetar entre los hombres.

» Para que empieces bien, te daré dos cosas de las que yo mismo me negué cuando empecé como un joven pobre a construir una fortuna.

» Primero, te doy esta bolsa de oro. Si la usas sabiamente, será la base de tu éxito futuro.

» En segundo lugar, te doy esta tabla de arcilla en la que están talladas las cinco leyes de oro. Si las interpretas en tus propios actos, te darán competencia y seguridad.

» Diez años después de este día, vuelve a la casa de tu padre y cuéntanos tu historia. Si demuestras ser digno, te haré heredero de mis bienes. De lo contrario, la entregaré a los sacerdotes para que intercambien por la consideración de la entrada de mi alma a la tierra de los dioses.

—Así que Nomasir salió a hacer su propio camino, llevando su bolsa de oro, la tablilla de arcilla cuidadosamente envuelta en tela de seda, su esclavo y dos caballos.

» Pasaron los diez años, y Nomasir, como había acordado, regresó a la casa de su padre, que ofreció un gran banquete en su honor, al que invitó a muchos amigos y parientes. Una vez terminado el banquete, el padre y la madre se sentaron en sus tronos a un lado del gran salón, y Nomasir se puso delante de ellos para dar cuenta de sí mismo como había prometido a su padre.

» Era de noche. La habitación estaba llena de humo procedente de las mechas de las lámparas de aceite que la iluminaban tenuemente. Esclavos con chaquetas y túnicas blancas abanicaban rítmicamente el aire húmedo con hojas de palmera de largo tallo. Una dignidad majestuosa coloreaba la escena. La esposa de Nomasir y sus dos hijos pequeños, junto con amigos y otros miembros de la familia, estaban sentados en alfombras detrás de él, escuchando con atención.

—Padre mío, —dijo con deferencia—, me inclino ante tu sabiduría. Hace diez años, cuando me encontraba a las puertas de la madurez, me pediste que saliera y me convirtiera en un hombre entre los hombres, en lugar de seguir siendo un vasallo de tu fortuna.

» Me diste generosamente tu oro. Me diste generosamente tu sabiduría. Del oro, ¡ay!

» Debo admitir que la manipulación fue desastrosa. En efecto, huyó de mis manos inexpertas como una liebre salvaje huye a la primera oportunidad del joven que la captura.

El padre sonrió con indulgencia. —Continúa, hijo mío, tu historia me interesa en todos sus detalles.

—Decidí ir a Nínive, ya que era una ciudad en crecimiento, creyendo que podría encontrar allí oportunidades. Me uní a una caravana y entre sus miembros hice numerosos amigos. Entre ellos se encontraban dos hombres bien hablados que tenían un hermosísimo caballo blanco tan veloz como el viento.

» Mientras viajábamos, me contaron en confianza que en Nínive había un hombre rico que poseía un caballo tan veloz que nunca había sido vencido. Su dueño creía que ningún caballo vivo podía correr con mayor velocidad. Por lo tan-

100

to, apostaba cualquier suma, por grande que fuera, a que su caballo era más veloz que cualquier otro en toda Babilonia. Comparado con su caballo, decían mis amigos, no era más que un asno torpe al que se podía vencer con facilidad.

» Me ofrecieron, como un gran favor, permitirme unirme a ellos en una apuesta. Me dejé llevar por el plan.

» Nuestro caballo fue maltratado y perdí gran parte de mi oro. —El padre se rio—. Más tarde, descubrí que se trataba de un plan engañoso de estos hombres y que viajaban constantemente con caravanas en busca de víctimas. El hombre de Nínive era su socio y compartía con ellos las apuestas que ganaba.

» Este astuto engaño me enseñó mi primera lección para cuidarme. Pronto conocí otra lección, igualmente amarga. En la caravana había otro joven con el que me hice bastante amigo. Era hijo de padres ricos y, como yo, viajaba a Nínive para buscar su fortuna. Poco después de nuestra llegada, me dijo que un mercader había muerto y que su tienda, con sus ricas mercancías y su clientela, podía conseguirse a un precio bajo. Diciendo que seríamos socios en igualdad de condiciones, pero que primero debía regresar a Babilonia para asegurar su oro, me convenció de que comprara la mercancía con mi oro, acordando que el suyo se utilizaría más tarde para llevar a cabo nuestro negocio.

» Retrasó mucho el viaje a Babilonia, demostrando entretanto ser un comprador imprudente y un gastador insensato. Finalmente lo eché, pero no antes de que el negocio se hubiera deteriorado hasta el punto de que sólo teníamos mercancías invendibles y ningún oro para comprar otras mercancías. Vendí lo que quedaba a un israelita por una suma lamentable.

» Pronto siguieron, te digo, padre mío, días amargos. Busqué empleo y no lo encontré, pues no tenía oficio ni formación que me permitiera ganar. Vendí mis caballos. Vendí mi esclavo. Vendí mi ropa extra para poder tener comida y un lugar donde dormir, pero cada día la sombría necesidad se agazapaba más.

» Pero en esos días amargos, recordé tu confianza en mí, padre mío. Me habías enviado a convertirme en un hombre, y esto estaba decidido a cumplir. —La madre enterró su rostro y lloró suavemente—. En ese momento, me acordé de la mesa que me habías dado y en la que habías tallado las cinco leyes de oro. Entonces leí atentamente tus palabras de sabiduría y me di cuenta de que, si hubiera buscado primero la sabiduría, mi oro no se habría perdido.

» Aprendí de memoria cada ley y decidí que, cuando una vez más la diosa de la buena fortuna me sonriera, me guiaría por la sabiduría de la edad y no por la inexperiencia de la juventud.

» Para el beneficio de ustedes que están sentados aquí esta noche, leeré la sabiduría de mi padre tal como está grabada en la tabla de arcilla que me dio hace diez años:

"Hay más placer en acumular
un superávit de lo que podría
haber en gastarlo."

Las cinco leyes del oro

1. El oro llega con gusto y en cantidad creciente a cualquier hombre que ponga no menos de una décima parte de sus ganancias para crear un patrimonio para su futuro y el de su familia.
2. El oro trabaja con diligencia y satisfacción para el dueño sabio que le encuentra un empleo provechoso, multiplicándose como los rebaños del campo.
3. El oro se aferra a la protección del propietario prudente que lo invierte bajo el consejo de hombres sabios en su manejo.
4. El oro se le escapa al hombre que lo invierte en negocios o propósitos con los que no está familiarizado o que no son aprobados por los expertos en su custodia.
5. El oro huye del hombre que quiere forzarlo a ganancias imposibles o que sigue los consejos seductores de embaucadores e intrigantes o que lo confía a su propia inexperiencia y a sus deseos románticos de inversión.

» Estas son las cinco leyes del oro tal y como las escribió mi padre. Las proclamo como de mayor valor que el propio oro, como demostraré con la continuación de mi relato.

Volteo para mirar a su padre. —Te he contado la profundidad de la pobreza y la desesperación a la que me llevó mi inexperiencia.

» Sin embargo, no hay cadena de desastres que no llegue a su fin. El mío llegó cuando conseguí empleo dirigiendo una cuadrilla de esclavos que trabajaban en la nueva muralla exterior de la ciudad.

» Aprovechando mi conocimiento de la primera ley del oro, ahorré un cobre de mis primeras ganancias, añadiéndolo en cada oportunidad hasta que tuve una pieza de plata. Fue un procedimiento lento, pues hay que vivir.

» Gasté a regañadientes, lo reconozco, porque estaba decidido a recuperar antes de que se cumplieran los diez años tanto oro como tú, mi padre, me habías dado.

» Un día el amo de los esclavos, con el que me había hecho bastante amigo, me dijo: «Eres un joven ahorrativo que no gasta inútilmente lo que gana. ¿Tienes oro guardado que no has gastado?»

—Sí, —respondí—, es mi mayor deseo acumular oro para reemplazar el que me dio mi padre y que he perdido.

—Es una ambición digna, se lo concedo, y ¿sabe usted que el oro que ha ahorrado puede trabajar para usted y ganar mucho más oro?

—¡Ay! mi experiencia ha sido amarga, pues el oro de mi padre ha huido de mí, y tengo mucho miedo de que el mío haga lo mismo.

—Si tienes confianza en mí, te daré una lección sobre el manejo provechoso del oro, —respondió—. Dentro de un año la muralla exterior estará completa y lista para las grandes puertas de bronce que se construirán en cada entrada para proteger la ciudad de los enemigos del rey.

» En toda Nínive no hay suficiente metal para hacer estas puertas y el rey no ha pensado en cómo obtenerlo. Este es mi plan: Un grupo de nosotros reunirá nuestro oro y enviará una caravana a las minas de cobre y estaño, que están lejos, y traerá a Nínive el metal para las puertas. Cuando el rey diga: «Haced las grandes puertas», sólo nosotros podremos suministrar el metal y él pagará un buen precio. Si el rey no compra, todavía tendremos el metal que se puede vender a un precio justo.

—En su oferta reconocí una oportunidad para cumplir la tercera ley e invertir mis ahorros bajo la guía de hombres sabios. No me decepcionó. Nuestro fondo común fue un éxito, y mi pequeña reserva de oro aumentó considerablemente con la transacción.

» A su debido tiempo, fui aceptado como miembro de este mismo grupo en otros negocios. Eran hombres sabios en el manejo rentable del oro. Hablaban de cada plan presentado con gran cuidado, antes de entrar en él. No se arriesgaban a perder su capital o a inmovilizarlo en inversiones poco rentables de las que no se pudiera recuperar el oro. Cosas tan tontas como la carrera de caballos y la sociedad en la que yo había entrado con mi inexperiencia habrían tenido poca con-

106

sideración con ellos. Habrían señalado inmediatamente sus debilidades.

» A través de mi asociación con estos hombres, aprendí a invertir el oro de forma segura para obtener beneficios. A medida que pasaban los años, mi tesoro aumentaba cada vez más rápidamente. No sólo recuperé lo que había perdido, sino mucho más.

» A través de mis desgracias, mis pruebas y mis éxitos, he probado una y otra vez la sabiduría de las cinco leyes del oro, padre mío, y he comprobado su veracidad en cada prueba. A quien no conoce las cinco leyes, el oro no le llega a menudo y se le va rápidamente. Pero a quien acata las cinco leyes, el oro viene y trabaja como su esclavo obediente.

Nomasir dejó de hablar e hizo un gesto a un esclavo en el fondo de la sala. El esclavo trajo, de una en una, tres pesadas bolsas de cuero. Una de ellas la cogió Nomasir y la colocó en el suelo antes de que su padre volviera a dirigirse a él:

—Me diste una bolsa de oro, oro de Babilonia. He aquí, en su lugar, te devuelvo una bolsa de oro de Nínive de igual peso. Un intercambio igual, como todos estarán de acuerdo.

—Me diste una tabla de arcilla con una inscripción de sabiduría. He aquí que, en su lugar, te devuelvo dos bolsas de oro.

Dicho esto, tomó del esclavo las otras dos bolsas y, del mismo modo, las colocó en el suelo ante su padre.

—Esto lo hago para demostrarte, padre mío, que considero tu sabiduría de mucho mayor valor que tu oro. Sin embargo, ¿quién puede medir en bolsas de oro el valor de la sabiduría?

Sin la sabiduría, el oro se pierde rápidamente por los que lo tienen, pero con la sabiduría, el oro puede ser asegurado por los que no lo tienen, como lo prueban estas tres bolsas de oro.

» En efecto, me produce la más profunda satisfacción, padre mío, presentarme ante ti y decir que, gracias a tu sabiduría, he podido hacerme rico y respetado ante los hombres.

El padre puso su mano con cariño sobre la cabeza de Nomasir. —Has aprendido bien tus lecciones, y soy, en verdad, afortunado de tener un hijo al que puedo confiar mis riquezas.

Kalabab interrumpió su relato y miró críticamente a sus oyentes.

—¿Qué significa para vosotros esta historia de Nomasir? ¿Quién de vosotros puede ir con su padre o al padre de tu mujer y dar cuenta de la sabia gestión de sus ganancias?

» ¿Qué pensarían estos venerables hombres si dijeras: He viajado mucho, he aprendido mucho, he trabajado mucho y he ganado mucho, pero, por desgracia, de oro tengo poco? Una parte la he gastado sabiamente, otra la he gastado tontamente y mucho lo he perdido de forma imprudente.

» ¿Sigues pensando que no es más que una incoherencia del destino que algunos hombres tengan mucho oro y otros no tengan nada? Entonces te equivocas.

» Los hombres tienen mucho oro cuando conocen las cinco leyes del oro y las cumplen.

» Porque aprendí estas cinco leyes en mi juventud y las cumplí, me he convertido en un rico comerciante. No es por una extraña magia que he acumulado mi riqueza.

» La riqueza que llega rápidamente va por el mismo camino.

» La riqueza que permanece para dar disfrute y satisfacción a su dueño llega gradualmente, porque es un hijo nacido del conocimiento y del propósito persistente.

» Ganar riqueza no es más que una ligera carga para el hombre reflexivo. Soportar la carga de forma constante de año en año logra el propósito final.

» Las cinco leyes del oro te ofrecen una rica recompensa por su observancia. Cada una de estas cinco leyes es rica en significado y, para que no lo pases por alto en la brevedad de mi relato, las repetiré ahora. Las conozco de memoria porque en mi juventud pude ver su valor y no me contentaría con conocerlas palabra por palabra.

El oro llega con gusto y en cantidad creciente a cualquier hombre que ponga no menos de una décima parte de sus ganancias para crear un patrimonio para su futuro y el de su familia.

Cualquier hombre que guarde una décima parte de sus ganancias de forma constante y la invierta sabiamente, seguramente creará un valioso patrimonio que le proporcionará ingresos en el futuro y garantizará además la seguridad de su familia en caso de que los dioses le llamen al mundo de las tinieblas.

Esta ley siempre dice que el oro viene con gusto a tal hombre. Puedo certificar esto en mi propia vida. Cuanto más oro acumulo, más fácilmente me llega y en mayor cantidad. El oro que ahorro gana más, al igual que el tuyo, y sus ganancias son mayores, y esto es la aplicación de la primera ley.

El oro trabaja con diligencia y satisfacción para el dueño sabio que le encuentra un empleo provechoso, multiplicándose como los rebaños del campo.

El oro, en efecto, es un trabajador dispuesto. Siempre está dispuesto a multiplicarse cuando se presenta la oportunidad. A todo hombre que tiene una reserva de oro, le llega la oportunidad de utilizarlo de la manera más provechosa. A medida que pasan los años, se multiplica de manera sorprendente.

El oro se aferra a la protección del propietario prudente que lo invierte bajo el consejo de hombres sabios en su manejo.

El oro, en efecto, se aferra al dueño cauteloso, así como huye del dueño descuidado. El hombre que busca el consejo de los hombres sabios en el manejo del oro pronto aprende a no poner en peligro su tesoro, sino a preservar con seguridad y a disfrutar con satisfacción de su constante aumento.

El oro se le escapa al hombre que lo invierte en negocios o propósitos con los que no está familiarizado o que no son aprobados por los expertos en su custodia.

Para el hombre que tiene oro, pero no es experto en su manejo, hay muchos usos que parecen muy rentables. Sin embargo, con demasiada frecuencia están llenos de peligro de pérdida, y si son analizados adecuadamente por hombres sabios, muestran poca posibilidad de ganancia. Por lo tanto, el propietario inexperto de oro que confía en su propio juicio y lo invierte en negocios o propósitos con los que no está familiarizado, con demasiada frecuencia encuentra su juicio imperfecto, y paga con su tesoro por su inexperiencia. Sabio, en efecto, es quien invierte sus tesoros bajo el consejo de hombres expertos en los caminos del oro.

El oro huye del hombre que quiere forzarlo a ganancias imposibles o que sigue los consejos seductores de embaucadores e intrigantes o que lo confía a su propia inexperiencia y a sus deseos románticos de inversión.

Al nuevo propietario del oro siempre le llegan propuestas fantasiosas que emocionan como cuentos de aventuras. Estas parecen dotar a su tesoro de poderes mágicos que le permitirán obtener ganancias imposibles. Sin embargo, prestad atención a los sabios, pues en verdad conocen los riesgos que se esconden detrás de todo plan para hacer grandes riquezas de forma repentina.

No olvides a los hombres ricos de Nínive, que no se arriesgan a perder su capital ni a atarlo en inversiones poco rentables.

—Aquí termina mi historia de las cinco leyes del oro. Al contártela, te he contado los secretos de mi propio éxito.

» Sin embargo, no son secretos, sino verdades que debe aprender primero y seguir después todo hombre que desee salir de la multitud que, como vosotros, los perros salvajes, debe preocuparse cada día por la comida.

» Mañana, entraremos en Babilonia. ¡Mira! ¡Vean el fuego que arde eternamente sobre el Templo de Bel! Ya estamos a la vista de la ciudad dorada. Mañana, cada uno de vosotros tendrá oro, el oro que tan bien habéis ganado por vuestros fieles servicios.

» Diez años después de esta noche, ¿qué podrán decir de su oro?

» Si hay hombres entre vosotros, que, como Nomasir, usen una parte de su oro para iniciar por sí mismos una hacienda y sean desde entonces sabiamente guiados por la sabiduría de Arkad, dentro de diez años, es una apuesta segura, como el hijo de Arkad, serán ricos y respetados entre los hombres.

» Nuestros actos sabios nos acompañan por la vida para complacernos y ayudarnos. Con la misma certeza, nuestros actos imprudentes nos siguen para atormentarnos. Por desgracia, no se pueden olvidar. En la primera fila de los tormentos que nos siguen están los recuerdos de las cosas que deberíamos haber hecho, de las oportunidades que se nos presentaron y no aprovechamos.

Ricos son los tesoros de Babilonia, tan ricos que nadie puede contar su valor en piezas de oro. Cada año son más ricos y valiosos. Al igual que los tesoros de cada tierra, son una recompensa, una rica recompensa que espera a los hombres de propósito que se deciden a asegurar su justa parte.

En la fuerza de tus propios deseos hay un poder mágico. Guía este poder con tu conocimiento de las cinco leyes del oro y compartirás los tesoros de Babilonia.

"Nuestros actos sabios nos acompañan por la vida para complacernos y ayudarnos. Con la misma certeza, nuestros actos imprudentes nos siguen para atormentarnos."

El prestamista de oro de Babilonia

¡Cincuenta piezas de oro! Nunca antes Rodan, el fabricante de lanzas de la vieja Babilonia, había llevado tanto oro en su cartera de cuero. Bajó felizmente por la carretera del rey desde el palacio de su liberalísima majestad. El oro tintineaba alegremente mientras la cartera en su cinturón se balanceaba a cada paso, la música más dulce que jamás había escuchado.

¡Cincuenta piezas de oro! ¡Todo suyo! Apenas podía darse cuenta de su buena suerte. ¡Qué poder hay en esos discos que tintinean! Podía comprar todo lo que quisiera, una gran casa, tierras, ganado, camellos, caballos, carruajes, todo lo que pudiera desear.

¿Qué uso debía darle? Esta tarde, al girar por una calle lateral

118

en dirección a la casa de su hermana, no podía pensar en nada que prefiriera poseer que esas mismas piezas de oro, brillantes y pesadas, para conservarlas.

Una noche, algunos días más tarde, un perplejo Rodan entró en la tienda de Mathon, el prestamista de oro y comerciante de joyas y telas exóticas.

Sin mirar a la derecha ni a la izquierda los coloridos artículos expuestos, pasó a la sala de estar de la parte trasera. Allí encontró al gentil Mathon descansando sobre una alfombra y disfrutando de una comida servida por un esclavo.

—Me gustaría aconsejarte, porque no sé qué hacer.

Rodan se mantuvo firme, con los pies separados, el pecho peludo expuesto por la parte delantera abierta de su chaqueta de cuero. El rostro estrecho y cetrino de Mathon sonrió con un saludo amistoso

—¿Qué indiscreciones has cometido para buscar al prestamista de oro? ¿Has tenido mala suerte en la mesa de juego? ¿O te ha enredado alguna dama? Hace muchos años que te conozco, pero nunca me has buscado para que te ayude en tus problemas.

—No, no. No es así. No busco oro. En su lugar, anhelo tu sabio consejo.

—¡Oye! ¡Escuchad! Lo que este hombre dice. Nadie viene a pedir consejo al prestamista de oro. ¡Mis oídos deben jugarme un mal truco!

—Digo la verdad.

—¿Puede ser así? Rodan, el lancero, hace gala de más astucia que todos los demás, pues viene a Mathon, no por oro, sino por consejo. Muchos hombres vienen a mí por oro para pagar sus locuras, pero en cuanto al consejo, no lo quieren. Sin embargo, ¿quién es más capaz de aconsejar que el prestamista de oro al que acuden muchos hombres en apuros?

—Comerás conmigo, Rodan, —continuó—. Serás mi invitado por esta noche. Andol —ordenó al esclavo—, prepara un banquete para mi amigo Rodan, el lancero, que viene a pedir consejo. Será mi invitado de honor. Tráele mucha comida y tráele mi copa más grande.

—Escoge bien el mejor vino para que tenga satisfacción al beberlo. Ahora, dime lo que te preocupa.

—Es el regalo del rey.

—¿El regalo del rey? ¿El rey te hizo un regalo y te da problemas? ¿Qué clase de regalo?

—Como le agradó mucho el diseño que le presenté para una nueva punta en las lanzas de la guardia real, me regaló cincuenta piezas de oro, y ahora estoy muy confundido.

—Cada hora que el sol recorre el cielo, me lo suplican quienes quieren que lo comparta con ellos.

—Eso es natural. Son más los hombres que desean el oro que los que lo tienen, y desearían que uno que lo consigue fácilmente les compartiera. ¿Pero no puedes decir 'no'? ¿No es tu voluntad tan fuerte como tu puño?

—A muchos puedo decirles que no, pero a veces sería más fácil decirles que sí. ¿Puede uno negarse a compartir con su hermana a la que le tiene un gran afecto?

120

—Seguramente, tu propia hermana no querrá privarte de disfrutar de tu recompensa por tu arduo trabajo.

—Pero es por el bien de Aramán, su marido, a quien desea ver como un rico comerciante. Ella siente que él nunca ha tenido una oportunidad y me suplica que le preste este oro para que se convierta en un próspero comerciante y me lo devuelva con sus ganancias.

—Amigo mío —continuó Mathon—, es un tema digno el que me traes. El oro aporta a su poseedor responsabilidad y un cambio de posición frente a sus semejantes. Aporta miedo a perderlo o a que se lo quiten con engaños.

» Aporta una sensación de poder y capacidad para hacer el bien. Asimismo, trae oportunidades por las que sus muy buenas intenciones pueden traerle dificultades.

» ¿Has oído hablar del granjero de Nínive que podía entender el lenguaje de los animales? No lo sé, porque no es el tipo de historia que a los hombres les gusta contar en la fragua del fundidor de bronce. Te la contaré a ti, porque debes saber que en el préstamo y en el empréstito hay algo más que el paso del oro de las manos de uno a las de otro.

» Este granjero, que entendía lo que se decían los animales, se quedaba cada tarde en el patio de la granja para escuchar lo que decían. Una tarde oyó al buey lamentarse ante el asno de la dureza de su suerte: «trabajo tirando del arado desde la mañana hasta la noche. No importa lo caluroso que sea el día, ni lo cansadas que estén mis piernas, ni que el arco me roce el cuello, aun así debo trabajar. Pero tú eres una criatura de ocio. Estás atrapado con una manta de colores y no haces nada más que llevar a nuestro amo a donde quiera ir. Cuando él no va a ninguna parte, tú descansas y comes la hierba verde todo el día».

» Ahora bien, el asno, a pesar de sus viciosos talones, era un buen tipo y simpatizaba con el buey.

—Mi buen amigo, —respondió—, trabajas muy duro y me gustaría ayudarte a quitar tu carga. Por lo tanto, te diré cómo puedes tener un día de descanso. Por la mañana, cuando el esclavo venga a llevarte al arado, túmbate en el suelo y grita mucho para que diga que estás enfermo y no puedes trabajar.

—Así que el buey siguió el consejo del asno y, a la mañana siguiente, el esclavo regresó al granjero y le dijo que el buey estaba enfermo y no podía tirar del arado.

—Entonces, —dijo el granjero—, engancha el asno al arado porque hay que seguir arando.

—Todo aquel día el asno, que sólo había pretendido ayudar a su amigo, se vio obligado a hacer la tarea del buey. Cuando llegó la noche y fue liberado del arado, su corazón estaba amargado y sus piernas cansadas y su cuello dolorido donde el arco lo había rozado.

» El granjero se quedó en el corral para escuchar.

—El buey habló primero. «Eres mi buen amigo. Gracias a tus sabios consejos he disfrutado de un día de descanso».

—Y yo, —replicó el asno—, soy como muchos otros de corazón sencillo que comienzan a ayudar a un amigo y terminan haciendo su tarea por él. A partir de ahora, tú mismo te ocuparás de tu propio arado, pues he oído al amo decir al esclavo que mande llamar al carnicero si vuelves a estar enfermo. Me gustaría que lo hiciera, porque eres un tipo perezoso.

—A partir de entonces no volvieron a hablarse, lo que puso fin a su amistad. ¿Puedes contar la moraleja de esta historia, Rodan?

—Es un buen cuento, —respondió Rodan—, pero no veo la moraleja.

—No pensé que lo harías. Pero está ahí y además es sencilla. Es la siguiente: «Si deseas ayudar a tu amigo, hazlo de manera que no traigas las cargas de tu amigo sobre ti».

—No había pensado en eso. Es una sabia moraleja. No quiero asumir las cargas del marido de mi hermana. Pero dime. Prestas a muchos. ¿Acaso los prestatarios no pagan?

Mathon sonrió con la sonrisa de quien tiene un alma rica en experiencias.

—¿Podría estar bien hecho un préstamo si el prestatario no puede devolverlo? ¿No debe el prestamista ser sabio y juzgar cuidadosamente si su oro puede cumplir un propósito útil para el prestatario y volver a él; o si será desperdiciado por alguien incapaz de usarlo sabiamente y dejarlo sin su tesoro, y dejar al prestatario con una deuda que no puede pagar? Te mostraré las fichas de mi cofre y dejaré que te cuenten algunas de sus historias.

—Entró en la habitación con un cofre tan largo como su brazo, cubierto de piel de cerdo roja y adornado con dibujos de bronce. Lo colocó en el suelo y se puso en cuclillas ante él, con ambas manos sobre la tapa.

—De cada persona a la que presto, exijo una ficha para mi

cofre de fichas, que permanecerá allí hasta que se devuelva el préstamo. Cuando lo devuelven, se lo devuelvo, pero si nunca lo devuelven, siempre me recordará a alguien que no fue fiel a mi confianza.

» Los préstamos más seguros, me dice mi caja de fichas, son para aquellos cuyas posesiones tienen más valor que el que desean. Poseen tierras, o joyas, o camellos, u otras cosas que podrían venderse para devolver el préstamo. Algunas de las muestras que me han dado son joyas de mayor valor que el préstamo. Otras son promesas de que, si el préstamo no se devuelve según lo acordado, me entregarán cierta liquidación de bienes. En este tipo de préstamos se me asegura que se me devolverá el oro con la renta correspondiente, ya que el préstamo se basa en la propiedad.

» En otra clase están los que tienen la capacidad de ganar. Son los que, como tú, trabajan o sirven y son remunerados. Tienen ingresos y si son honestos y no sufren ninguna desgracia, sé que también pueden devolver el oro que les presto y la renta a la que tengo derecho. Estos préstamos se basan en el esfuerzo humano.

» Otros son los que no tienen ni propiedades ni capacidad de ganancia asegurada. La vida es dura y siempre habrá algunos que no puedan adaptarse a ella. Por desgracia, los préstamos que les hago, aunque no sean más grandes que un penique, mi caja de fichas puede censurarme en los años venideros, a menos que estén garantizados por buenos amigos del prestatario que lo conozcan honorablemente.

Mathon soltó el cierre y abrió la tapa. Rodan se inclinó hacia delante con impaciencia. En la parte superior del cofre había un collar de bronce sobre una tela escarlata. Mathon cogió la pieza y la acarició con cariño.

—Esto permanecerá siempre en mi cofre de fichas porque su dueño ha pasado a la gran oscuridad. Atesoro su ficha y su memoria, porque era mi buen amigo. Comerciamos juntos con mucho éxito hasta que del Este trajo una mujer para casarse, hermosa, pero no como nuestras mujeres. Una criatura deslumbrante. Gastó su oro generosamente para satisfacer sus deseos.

» Acudió a mí angustiado cuando su oro desapareció. Le aconsejé. Le dije que le ayudaría a dominar de nuevo sus propios asuntos. Juró por el signo del Gran Toro que lo haría. Pero no fue así. En una pelea su esposa le clavó un cuchillo en el corazón.

—¿Y ella?

—Sí, por supuesto, esto era de ella. —Recogió la tela escarlata—. Con amargo remordimiento se arrojó al Éufrates. Estos dos préstamos nunca serán devueltos. El cofre te dice, Rodan, que los humanos en medio de grandes emociones no son riesgos seguros para el prestamista de oro.

» ¡Aquí! Esto es diferente. —Alcanzó un anillo tallado en hueso de buey—. Esto pertenece a un granjero. Compro las alfombras de sus mujeres. Llegaron las langostas y no tenían comida. Le ayudé y cuando llegó la nueva cosecha me pagó. Más tarde vino de nuevo y me habló de unas cabras de una tierra lejana, descritas por un viajero. Tenían un pelo largo, tan fino y suave, que podían tejer alfombras más hermosas que las que se habían visto en Babilonia. Quería un rebaño, pero no tenía dinero. Así que le presté oro para que hiciera el viaje y trajera cabras. Ahora su rebaño ha comenzado y el próximo año sorprenderá a los señores de Babilonia con las alfombras más caras que han tenido la suerte de comprar. Pronto debo devolverle su anillo.

» Si piden prestado con fines que les devuelvan el dinero, me parece que es así. Pero si piden prestado por sus indiscreciones, te advierto que seas cauto si quieres volver a tener tu oro en la mano.

—Insiste en devolver el dinero rápidamente. ¿Algunos prestatarios hacen eso? Háblame sobre el tema—, pidió Rodan, —cogiendo un pesado brazalete de oro con joyas de diseños raros.

—Las mujeres sí le gustan a mi buen amigo, —bromeó Mathon—. Todavía soy mucho más joven que tú, —replicó Rodan.

—Lo reconozco, pero esta vez sospechas romance donde no lo hay. La dueña de esto es gorda y arrugada y habla tanto y dice tan poco que me vuelve loco. Antes tenían mucho dinero y eran buenos clientes, pero les llegaron los malos tiempos. Tiene un hijo al que quiere convertir en comerciante. Así que acudió a mí y me pidió oro prestado para que se hiciera socio del dueño de una caravana que viaja con sus camellos haciendo trueque en una ciudad de lo que compra en otra.

» Este hombre demostró ser un bribón, pues dejó al pobre muchacho en una ciudad lejana sin dinero y sin amigos, retirándose temprano mientras el joven dormía. Tal vez cuando este joven haya crecido hasta convertirse en un hombre, lo pagará; hasta entonces no obtengo ninguna renta por el préstamo, sólo mucha palabrería. Pero admito que las joyas merecen el préstamo.

—¿Te ha pedido esta señora consejo sobre la conveniencia del préstamo?

—Todo lo contrario. Ella se había imaginado a este hijo suyo como un hombre rico y poderoso de Babilonia. Sugerir lo contrario era enfurecerla. Una justa reprimenda tuve. Sabía el riesgo que corría este muchacho inexperto, pero como ella ofrecía seguridad no podía rechazarla.

—Esto —continuó Mathon, agitando un trozo de cuerda de carga atada en un nudo— pertenece a Nebatur, el comerciante de camellos. Cuando quiere comprar un rebaño más grande que sus fondos, me trae este nudo y yo le presto según sus necesidades. Es un comerciante sabio. Confío en su buen juicio y puedo prestarle libremente. Muchos otros comerciantes de Babilonia tienen mi confianza por su comportamiento honorable.

» Sus 92 fichas van y vienen con frecuencia en mi caja de fichas. Los buenos mercaderes son un activo para nuestra ciudad y me beneficia ayudarlos para que el comercio siga siendo próspero.

Mathon cogió un escarabajo tallado en turquesa y lo arrojó despectivamente al suelo. —Un bicho de Egipto. Al muchacho que lo posee no le importa si alguna vez recibo de vuelta mi oro. Cuando se lo reprocho, me responde: «¿Cómo voy a devolverlo si el mal destino me persigue? Tienes mucho más que yo». ¿Qué puedo hacer? La ficha es de su padre, un hombre digno de pocos recursos que empeñó sus tierras y su rebaño para respaldar los negocios de su hijo. —El joven tuvo éxito al principio y luego se entusiasmó con la idea de obtener grandes riquezas.

» Sus conocimientos eran inmaduros. Sus negocios se derrumbaron. La juventud es ambiciosa. La juventud quiere tomar atajos hacia la riqueza y las cosas deseables que ésta representa. Para asegurarse rápidamente la riqueza, la juventud suele pedir préstamos imprudentes.

» La juventud, que nunca ha tenido experiencia, no puede darse cuenta de que la deuda sin esperanza es como un pozo profundo al que se puede descender rápidamente y donde se puede luchar en vano durante mucho tiempo. Es un pozo de penas y remordimientos donde el brillo del sol se nubla y la noche se hace infeliz por el sueño inquieto.

» Sin embargo, no desaconsejo el préstamo de oro. Lo aliento. Lo recomiendo si es para un propósito sabio. Yo mismo logré mi primer éxito real como comerciante con oro prestado. Sin embargo, ¿qué debe hacer el prestamista en un caso así? El joven se desespera y no consigue nada. Se desanima. No se esfuerza por pagar. Mi corazón se revuelve contra el hecho de privar al padre de su tierra y su ganado.

—Me dices muchas cosas que me interesa escuchar, —aventuró Rodan—, pero, no escucho ninguna respuesta a mi pregunta. ¿Debo prestar mis cincuenta piezas de oro al marido de mi hermana? Significan mucho para mí.

—Tu hermana es una excelente mujer a la que estimo mucho. Si su marido viniera a pedirme prestadas cincuenta piezas de oro, le preguntaría para qué las utilizaría.

—Si me respondiera que desea ser comerciante como yo y comerciar con joyas y muebles ricos. Yo le diría: «¿Qué conocimiento tienes de los caminos del comercio? ¿Sabes dónde puedes comprar al menor costo? ¿Sabes dónde puedes vender a un precio justo?»

—No, no podría, —admitió Rodan—. Me ha ayudado mucho en la fabricación de lanzas y ha ayudado a algunos en las tiendas.

—Entonces, le diría que su propósito no es sabio. Los comerciantes deben aprender su oficio. Su ambición, aunque digna, no es práctica y no le prestaría oro.

—Pero, suponiendo que pudiera decir: «Sí, he ayudado mucho a los comerciantes. Sé cómo viajar a Esmirna y comprar a bajo costo las alfombras que tejen las amas de casa. También conozco a muchos de los ricos de Babilonia a los que puedo venderlas con un gran beneficio». Entonces le diría: «Tu propósito es sabio y tu ambición honorable. Te prestaré con gusto las cincuenta piezas de oro si me das la seguridad de que me las devolverás». Pero él diría: «No tengo más seguridad que la de que soy un hombre honrado y te pagaré el préstamo». Entonces le respondería: «Atesoro mucho cada pieza de oro. Si los ladrones te lo quitaran mientras viajas a Esmirna o te quitaran las alfombras a tu regreso, entonces no tendrías medios para pagarme y mi oro habría desaparecido».

» El oro, verás, Rodan, es la mercancía del prestamista de dinero. Es fácil de prestar. Si se presta imprudentemente, es difícil de recuperar. El prestamista sabio no desea el riesgo, sino la garantía de un reembolso seguro. Es bueno ayudar a los que están en problemas, es bueno ayudar a los que el destino ha puesto una mano pesada. Está bien ayudar a los que empiezan para que progresen y se conviertan en ciudadanos valiosos. Pero la ayuda debe darse con sabiduría, no sea que, como el asno del granjero, en nuestro deseo de ayudar no hagamos más que tomar sobre nosotros la carga que pertenece a otro.

» De nuevo me he desviado de tu pregunta, Rodan, pero escucha mi respuesta: Guarda tus cincuenta piezas de oro. Lo que ganes con tu trabajo y lo que se te dé como recompensa es tuyo y nadie puede obligarte a desprenderte de él a menos que sea tu deseo. Si quieres prestarlo para que te haga ganar más oro, entonces presta con precaución y en muchos lugares. No me gusta el oro ocioso, y menos aún el exceso de riesgo.

» ¿Cuántos años has trabajado como lancero?

—Totalmente tres.

—¿Cuánto además del regalo del Rey has ahorrado?

—Tres piezas de oro.

—¿Cada año que has trabajado te has negado a ti mismo cosas buenas para ahorrar de tus ganancias una pieza de oro?

—Así es.

—Entonces, ¿podrías ahorrar en cincuenta años de trabajo cincuenta piezas de oro por tu cuenta?

—Toda una vida de trabajo sería.

—¿Crees que tu hermana querrá poner en peligro los ahorros de cincuenta años de trabajo sobre el crisol de bronce para que su marido experimente ser comerciante?

—No si hablo con tus palabras.

—Entonces ve con ella y dile: «Tres años he trabajado cada día, excepto los días de ayuno, desde la mañana hasta la noche, y me he negado muchas cosas que mi corazón anhelaba. Por cada año de trabajo y abnegación he ahorrado una pieza de oro. Eres mi hermana favorecida y deseo que tu marido se dedique a los negocios en los que prosperará mucho. Si me presenta un plan que le parezca sabio y posible a mi amigo Mathon, entonces le prestaré con gusto mis ahorros de todo un año para que tenga la oportunidad de demostrar que puede tener éxito». Hazlo, digo, y si tiene dentro de sí el alma para triunfar, podrá demostrarlo. Si fracasa, no te deberá más de lo que pueda esperar devolver algún día.

» Soy un prestamista de oro porque poseo más oro del que puedo utilizar en mi propio comercio. Deseo prestar mi excedente de oro para que trabaje para otros y así ganar más oro. Yo no deseo correr el riesgo de perder mi oro, pues he trabajado mucho y me he negado mucho para conseguirlo. Por lo tanto, ya no prestaré nada de él donde no esté seguro de que está a salvo y me será devuelto. Tampoco lo prestaré donde no esté convencido de que sus ganancias me serán pagadas prontamente.

» Te he contado, Rodan, algunos de los secretos de mi cofre de fichas. De ellos podrás comprender la debilidad de los hombres y su afán por pedir prestado lo que no tienen medios seguros para devolver. De esto puedes ver cómo a menudo sus grandes esperanzas de las grandes ganancias que podrían obtener, si tuvieran oro, no son más que falsas esperanzas que no tienen la capacidad o la formación para cumplir.

» Tú, Rodan, tienes ahora oro que deberías emplear para ganar más oro para ti. Estás a punto de convertirte, como yo, en un prestamista de oro. Si conservas tu tesoro con seguridad, te producirá ganancias generosas y será una rica fuente de placer y beneficio durante todos tus días. Pero si dejas que se te escape, será una fuente de constante dolor y arrepentimiento mientras dure tu memoria.

» ¿Qué es lo que más deseas de este oro en tu cartera?

—Mantenerlo a salvo.

—Sabiamente dicho, —respondió Mathon con aprobación—. Tu primer deseo es la seguridad. ¿Crees que en la custodia del marido de tu hermana estaría realmente a salvo de posibles pérdidas?

—No, pues no es sabio en la custodia del oro.

—Entonces, no te dejes llevar por tontos sentimientos de obligación para confiar tu tesoro a cualquier persona. Si quieres ayudar a tu familia o a tus amigos, busca otros medios que no sean arriesgar la pérdida de tu tesoro. No olvides que el oro se escapa de forma inesperada de aquellos que no saben guardarlo. Lo mismo puedes malgastar tu tesoro en extravagancias que dejar que otros lo pierdan por ti.

» ¿Qué es lo siguiente que deseas después de la seguridad de este tesoro tuyo?

—Que gane más oro.

—De nuevo hablas con sabiduría. Hay que hacer que gane y crezca. El oro prestado sabiamente puede incluso duplicarse con sus ganancias ante un hombre como envejece. Si te arriesgas a perderlo te arriesgas a perder también todo lo que

132

ganaría.

» Por lo tanto, no te dejes llevar por los fantásticos planes de hombres poco prácticos que creen ver la manera de forzar tu oro para obtener ganancias inusualmente grandes. Tales planes son creaciones de soñadores inexpertos en las leyes seguras y fiables del comercio. Sé conservador en lo que esperas que gane para poder conservar y disfrutar tu tesoro. Alquilarlo con la promesa de rendimientos usurarios es invitar a la pérdida.

» Procura asociarte con hombres y empresas cuyo éxito esté consolidado para que tu tesoro gane generosamente bajo su hábil uso y sea custodiado con seguridad por su sabiduría y experiencia.

» Así evitarás las desgracias que persiguen a la mayoría de los hijos de los hombres a los que los dioses consideran oportuno confiar el oro.

Cuando Rodan quiso agradecerle su sabio consejo, no quiso escucharlo, diciendo:

—El regalo del rey te enseñará mucha sabiduría. Si quieres conservar tus cincuenta piezas de oro, debes ser muy discreto.

» Muchos usos te tentarán. Se te darán muchos consejos. Se te ofrecerán numerosas oportunidades de obtener grandes beneficios. Las historias de mi caja de fichas deberían advertirte, antes de que dejes que cualquier pieza de oro salga de tu bolsa, que te asegures de que tienes una forma segura de recuperarla. Si mi consejo te atrae, vuelve de nuevo. Te lo doy con mucho gusto.

Las murallas de Babilonia

El viejo Banzar, guerrero sombrío de otros tiempos, montaba guardia en el pasillo que llevaba a la cima de las antiguas murallas de Babilonia. Arriba, valientes defensores luchaban por mantener las murallas. De ellos dependía la existencia futura de esta gran ciudad con sus cientos de miles de ciudadanos.

Por encima de las murallas llegaba el rugido de los ejércitos atacantes, los gritos de muchos hombres, el pisoteo de miles de caballos, el auge ensordecedor de los arietes que golpeaban las puertas de bronce.

En la calle, detrás de la puerta, se encontraban los lanceros, esperando para defender la entrada si las puertas cedían. Eran pocos para la tarea. Los principales ejércitos de Babilonia estaban con su rey, lejos, en el este, en la gran expedición contra los elamitas. Como no se había previsto ningún ataque a la ciudad durante su ausencia, las fuerzas de defensa eran reducidas.

Inesperadamente, desde el norte, cayeron los poderosos ejércitos de los asirios. Y ahora los muros debían resistir o Babilonia estaba condenada.

Alrededor de Banzar había grandes multitudes de ciudadanos, con la cara blanca y aterrorizados, buscando ansiosamente noticias de la batalla. Con un temor silencioso veían el flujo de heridos y muertos que eran llevados o conducidos fuera del pasillo.

Este era el punto crucial del ataque. Después de tres días de dar vueltas alrededor de la ciudad, el enemigo había lanzado repentinamente su gran fuerza contra esta sección y esta puerta.

Los defensores de la parte superior de la muralla combatieron las plataformas de escalada y las escaleras de los atacantes con flechas, aceite quemado y, si alguno llegaba a la cima, con lanzas. Contra los defensores, miles de arqueros enemigos lanzaron una mortífera andanada de flechas.

El viejo Banzar tenía el punto de ventaja para las noticias. Estaba más cerca del conflicto y era el primero en enterarse de cada nuevo rechazo de los frenéticos atacantes.

Un anciano comerciante se acercó a él, con sus manos paralizadas temblando. —¡Dime! ¡Dígame! —suplicó—. Dime que no pueden entrar. Mis hijos están con el buen rey. No hay nadie que proteja a mi vieja esposa.

—Mis bienes, los robarán todos. Mi comida, no dejarán nada. Somos viejos, demasiado viejos para defendernos, demasiado viejos para ser esclavos. Nos moriremos de hambre. Moriremos. Dime que no pueden entrar.

—Cálmate, buen mercader, —respondió el guardia—. Las murallas de Babilonia son fuertes. Vuelve al bazar y dile a tu mujer que las murallas te protegerán a ti y a todas tus posesiones con tanta seguridad como protegen los ricos tesoros del rey. Mantente cerca de las murallas, no sea que las flechas que vuelan por encima te lastimen.

Una mujer con un bebé en brazos ocupó el lugar del anciano cuando éste se retiró. —¿Qué noticias hay de la cima? Contadme de verdad para que pueda tranquilizar a mi pobre marido. Yace con fiebre por sus terribles heridas, pero insiste en su armadura y su lanza para protegerme a mí, que estoy embarazada. Dice que será terrible la lujuria vengativa de nuestros enemigos si irrumpen.

—Ten buen corazón, madre que es y que volverá a ser, los muros de Babilonia te protegerán a ti y a tus bebés. Son altos y fuertes. ¿No oís los gritos de nuestros valientes defensores cuando vacían las calderas de aceite ardiente sobre los escaladores?

—Sí, eso oigo y también el rugido de los arietes que martillean nuestras puertas.

—Vuelve con tu marido. Dile que las puertas son fuertes y resisten a los carneros. También que los escaladores suben a las murallas pero para recibir la estocada de la lanza que espera. Vigila, tu camino y apresúrate a buscar un lugar seguro.

Banzar se hizo a un lado para despejar el paso a los refuerzos fuertemente armados. Cuando, con el tintineo de sus escudos de bronce y su pesado paso, pasaron a su lado, una niña pequeña le tiró de la faja.

—Dígame por favor, soldado, ¿estamos a salvo?, —suplicó—. Oigo los horribles ruidos. Veo a los hombres sangrando. Es-

136

toy muy asustada. ¿Qué será de nuestra familia, de mi madre, mi hermanito y el bebé?

El viejo y sombrío combatiente parpadeó y adelantó la barbilla al contemplar a la niña.

—No tengas miedo, pequeña, —la tranquilizó—. Los muros de Babilonia os protegerán a ti, a tu madre, a tu hermanito y al bebé. Fue por la seguridad de tales como que la buena reina Semiramis los construyó hace más de cien años. Nunca han sido atravesadas. Vuelve y dile a tu madre, a tu hermanito y al bebé que las murallas de Babilonia los protegerán y no deben temer.

Día tras día, el viejo Banzar permanecía en su puesto y observaba cómo los refuerzos subían por el pasillo, para quedarse y luchar hasta que, heridos o muertos, volvieran a bajar. A su alrededor, se agolpaban sin cesar las multitudes de ciudadanos asustados que buscaban ansiosamente saber si las murallas resistirían.

A todos les respondió con la fina dignidad de un viejo soldado: «Los muros de Babilonia os protegerán».

Durante tres semanas y cinco días el ataque se desarrolló con una violencia que apenas cesaba. La mandíbula de Banzar se endurecía y se hacía más dura, ya que el pasaje de atrás, mojado con la sangre de los numerosos heridos, se convertía en barro por las corrientes incesantes de hombres que subían y bajaban tambaleándose. Cada día, los atacantes masacrados se amontonaban ante la muralla. Cada noche eran llevados de vuelta y enterrados por sus camaradas. En la quinta noche de la cuarta semana, el clamor no disminuyó. Los primeros rayos de luz del día, que iluminaban las llanuras, revelaban grandes

"No podemos permitirnos carecer de
una protección adecuada."

nubes de polvo levantadas por los ejércitos en retirada.

Los defensores lanzaron un poderoso grito. No había duda de su significado. Fue repetido por las tropas que esperaban detrás de las murallas. Los ciudadanos se hicieron eco de él en las calles. Se extendió por la ciudad con la violencia de una tormenta.

La gente salió corriendo de las casas. Las calles se llenaron de una multitud palpitante. El miedo reprimido durante semanas encontró una salida en el salvaje coro de la alegría. Desde la cima de la alta torre del Templo de Bel estallaron las llamas de la victoria. La columna de humo azul flotó hacia el cielo para llevar el mensaje a lo largo y ancho.

Las murallas de Babilonia habían rechazado una vez más a un poderoso enemigo decidido a saquear sus ricos tesoros y a violar y esclavizar a sus ciudadanos. Babilonia perduró siglo tras siglo porque estaba totalmente protegida.

Las murallas de Babilonia fueron un ejemplo destacado de la necesidad y el deseo de protección del hombre.

Este deseo es inherente a la raza humana. Es tan fuerte hoy como siempre, pero hemos desarrollado planes más amplios y mejores para lograr el mismo propósito.

Hoy en día, tras los muros inexpugnables de los seguros, las cuentas de ahorro y las inversiones fiables, podemos protegernos de las tragedias inesperadas que pueden entrar por cualquier puerta y sentarse ante cualquier chimenea.

El comerciante de camellos de Babilonia

Cuanta más hambre tiene uno, más clara es su mente, y también más sensible se vuelve a los olores de la comida.

Tarkad, el hijo de Azure, ciertamente lo pensaba. Durante dos días enteros no había probado ningún alimento, salvo dos pequeños higos robados por encima del muro de un jardín. No pudo coger ni uno más antes de que la furiosa mujer se precipitara y lo persiguiera por la calle. Sus estridentes gritos aún resonaban en sus oídos mientras caminaba por la plaza del mercado. Le ayudaron a refrenar sus inquietos dedos para no arrebatar las tentadoras frutas de las cestas de las mujeres del mercado.

Nunca se había dado cuenta de la cantidad de comida que

se traía a los mercados de Babilonia y de lo bien que olía. Al salir del mercado, se dirigió a la posada y se paseó de un lado a otro frente a las fondas. Deseaba encontrarse a algún conocido; alguien a quien pudiera pedirle prestado un cobre que le valiera una sonrisa del antipático guardián de la posada y, con ello, una generosa ración. Sin el cobre, sabía muy bien lo mal recibido que sería.

En su abstracción se encontró inesperadamente cara a cara con el hombre que más deseaba evitar, la alta y huesuda figura de Dabasir, el comerciante de camellos. De todos los amigos y otras personas a las que había pedido prestadas pequeñas sumas, Dabasir era el que más le incomodaba por no cumplir sus promesas de reembolso puntual.

El rostro de Dabasir se iluminó al verlo. —¡Ja! Es Tarkad, justo a quien he estado buscando para que me devuelva las dos piezas de cobre que le presté hace una luna; también la pieza de plata que le presté antes. Que suerte que nos encontramos. Puedo hacer buen uso de las monedas hoy mismo. ¿Qué dices, muchacho? ¿Qué dices?

Tarkad tartamudeó y su rostro se sonrojó. No tenía nada en su estómago vacío que lo animara a discutir con el franco Dabasir.

—Lo siento, lo siento mucho, —murmuró débilmente—, pero hoy no tengo ni el cobre ni la plata con los que podría pagar.

—Entonces consíguelo, —insistió Dabasir—. Seguro que puedes conseguir unas cuantas monedas de cobre y una pieza de plata para devolver la generosidad de un viejo amigo de tu padre que te ayudó cuando estabas necesitado.

—Es porque la mala fortuna me persigue que no puedo pagar.

—¡Mala fortuna! ¿Quieres culpar a los dioses de tu propia debilidad? La mala fortuna persigue a todo hombre que piensa más en pedir prestado que en pagar. Ven conmigo, muchacho, mientras como. Tengo hambre y quiero contarte una historia.

Tarkad se estremeció ante la brutal franqueza de Dabasir, pero aquí al menos había una invitación para entrar en la codiciada puerta de la fonda.

Dabasir le empujó a un rincón de la habitación donde se sentaron sobre pequeñas alfombras.

Cuando Kauskor, el propietario, apareció sonriendo, Dabasir se dirigió a él con su habitual libertad: —Gordo lagarto del desierto, tráeme una pata de cabra, marrón con mucho jugo, y pan y todas las verduras, pues tengo hambre y quiero mucha comida. No te olvides de mi amigo. Tráele una jarra de agua. Que se enfríe, pues el día es caluroso.

El corazón de Tarkad se hundió. ¿Debía sentarse aquí y beber agua mientras veía a este hombre devorar una pata de cabra entera? No dijo nada. No pensó en nada que pudiera decir.

Sin embargo, Dabasir no conocía el silencio. Sonriendo y saludando con la mano a los otros clientes, que le conocían, continuó. —He oído hablar a un viajero que acaba de regresar de Urfa de cierto hombre rico que tiene un trozo de piedra cortado tan fino que se puede mirar a través de él. Lo puso en la ventana de su casa para que no entrara la lluvia. Es de color amarillo, así lo relata este viajero, y se le permitió mirar a través de él y todo el mundo exterior se veía extraño y no como es en realidad. ¿Qué dices de eso, Tarkad? ¿Crees que todo el mundo puede parecerle a un hombre de un color diferente al que es?

—Me atrevo a decir que si, —respondió el joven, mucho más interesado en la gorda pata de cabra colocada ante Dabasir.

—Bueno, sé que es cierto porque yo mismo he visto el mundo de un color diferente al que realmente es y la historia que voy a contar relata cómo llegué a verlo en su color correcto una vez más.

—Dabasir va a contar un cuento—, susurró un comensal vecino, y arrastró su alfombra. Otros comensales trajeron su comida y se amontonaron en un semicírculo. Crujían ruidosamente en los oídos de Tarkad y lo rozaban con sus carnosos huesos. Sólo él estaba sin comida. Dabasir no se ofreció a compartir con él ni siquiera le indicó un pequeño rincón del pan duro que se había roto y había caído de la bandeja al suelo.

—La historia que voy a contar—, comenzó Dabasir, haciendo una pausa para morder un buen trozo de pata de cabra, —se refiere a mis primeros años de vida y a cómo llegué a ser comerciante de camellos. ¿Sabe alguien que una vez fui esclavo en Siria?

Un murmullo de sorpresa recorrió el auditorio, que Dabasir escuchó con satisfacción.

—Cuando era joven—, continuó Dabasir después de otra feroz embestida contra la pata de cabra—, aprendí el oficio de mi padre, la fabricación de sillas de montar. Trabajé con él

144

en su taller y al poco tiempo me casé.

» Como era joven y no tenía grandes conocimientos, no podía ganar mucho, lo justo para mantener modestamente a mi excelente esposa. Ansiaba cosas buenas que no podía pagar. Pronto descubrí que los tenderos se fiaban de mí para pagar más tarde, aunque no pudiera hacerlo en ese momento. Siendo joven y sin experiencia, no sabía que quien gasta más de lo que gana está sembrando los vientos de la autoindulgencia innecesaria, de la que seguramente recogerá los torbellinos de los problemas y la humillación. Así que me permití mis caprichos de ropa fina y compré lujos para mi buena esposa y nuestro hogar, más allá de nuestras posibilidades. Pagué como pude y durante un tiempo todo fue bien. Pero con el tiempo descubrí que no podía utilizar mis ganancias tanto para vivir como para pagar mis deudas.

» Los acreedores empezaron a perseguirme para que pagara mis extravagantes compras y mi vida se volvió miserable. Pedí prestado a mis amigos, pero tampoco pude pagarles. Las cosas fueron de mal en peor. Mi mujer volvió con su padre y yo decidí abandonar Babilonia y buscar otra ciudad donde un joven pudiera tener mejores oportunidades.

» Durante dos años tuve una vida inquieta e infructuosa trabajando para comerciantes de caravanas. De ahí caí en un grupo de simpáticos ladrones que recorrían el desierto en busca de caravanas desarmadas. Tales actos eran indignos del hijo de mi padre, pero yo veía el mundo a través de una piedra de color y no me daba cuenta de la degradación en la que había caído.

» Tuvimos éxito en nuestro primer viaje, capturando un rico

botín de oro y sedas y valiosas mercancías. Este botín lo llevamos a Ginir y lo dilapidamos.

» La segunda vez no tuvimos tanta suerte. Justo después de nuestra captura, fuimos atacados por los lanceros de un jefe nativo al que las caravanas pagaban por su protección. Nuestros dos líderes fueron asesinados y el resto de nosotros fue llevado a Damasco, donde fuimos despojados de nuestras ropas y vendidos como esclavos.

» Fui comprado por dos piezas de plata por un jefe sirio del desierto. Con el pelo rapado y sólo un paño de lomo para vestir, no era tan diferente de los demás esclavos. Como era un joven temerario, pensé que era una simple aventura hasta que mi amo me llevó ante sus cuatro esposas y les dijo que podían tenerme como eunuco.

» Entonces, en efecto, me di cuenta de lo desesperado de mi situación. Estos hombres del desierto eran feroces y belicosos. Estaba sometido a su voluntad, sin armas ni medios para escapar.

» Temeroso me quedé, mientras aquellas cuatro mujeres me miraban. Me pregunté si podía esperar piedad de ellas. Sira, la primera esposa, era mayor que las otras. Su rostro era impasible al mirarme. Me aparté de ella con poco consuelo. La siguiente era una belleza despectiva que me miraba con tanta indiferencia como si yo fuera un gusano de la tierra. Las dos más jóvenes se rieron como si todo fuera una broma emocionante.

» Parecía una eternidad mientras esperaba la sentencia. Cada mujer parecía dispuesta a lo que las otras decidieran. Finalmente, Sira habló con voz fría. «De eunucos tenemos muchos,

146

pero de camelleros tenemos pocos y son un lote inútil. Incluso hoy voy a visitar a mi madre, que está enferma de fiebre, y no hay ningún esclavo en el que pueda confiar para guiar mi camello. Pregúntale a este esclavo si puede guiar un camello».

Mi amo me preguntó entonces: —¿Qué sabes tú de camellos?

—Esforzándome por disimular mi afán, respondí: puedo hacer que se arrodillen, puedo cargarlos, puedo conducirlos en largos viajes sin cansarme. Si es necesario, puedo reparar sus sillas.

—El esclavo habla con propiedad —observó mi amo—. Si lo deseas, Sira, toma a este hombre como tu tierno camellero.

—Así que me entregaron a Sira y ese día conduje su camello en un largo viaje hasta su madre enferma. Aproveché la ocasión para agradecerle su intercesión y también para decirle que yo no era un esclavo de nacimiento, sino el hijo de un hombre libre, un honorable fabricante de sillas de montar de Babilonia. También le conté gran parte de mi historia. Sus comentarios me desconcertaron y reflexioné mucho después sobre lo que dijo.

—¿Cómo puedes llamarte hombre libre cuando tu debilidad te ha llevado a esto? Si un hombre tiene en sí mismo el alma de un esclavo, ¿no se convertirá en uno a pesar de su nacimiento, así como el agua busca su nivel? Si un hombre tiene en sí mismo el alma de un hombre libre, ¿no llegará a ser respetado y honrado en su propia ciudad a pesar de su desgracia?

—Durante más de un año fui esclavo y viví con los esclavos, pero no pude convertirme en uno de ellos.

—Un día, Sira me preguntó: «Cuando los demás esclavos pueden mezclarse y disfrutar de la sociedad de los demás, ¿por qué te sientas solo en tu tienda?»

—A lo que respondí: «Estoy reflexionando sobre lo que me has dicho. Me pregunto si tengo el alma de un esclavo. No puedo unirme a ellos, así que debo sentarme aparte.

—Yo también debo sentarme aparte, —dijo—. Mi dote era grande y mi señor se casó conmigo por eso. Sin embargo, él no me desea. Lo que toda mujer anhela es ser deseada. Por eso, y porque soy estéril y no tengo ni hijo ni hija, debo estar apartada. Si fuera un hombre, preferiría morir antes que ser una esclava así, pero las convenciones de nuestra tribu hacen esclavas a las mujeres.

—¿Qué piensas de mí a estas alturas? —Le pregunté de repente—: ¿Tengo alma de hombre o tengo alma de esclavo?

148

—¿Tienes el deseo de pagar las justas deudas que tienes en Babilonia? —replicó ella—. Sí, tengo el deseo, pero no veo la manera.

—Si dejas pasar los años alegremente y no te esfuerzas por pagar, entonces no tienes más que el alma despreciable de un esclavo. No es otro el hombre que no puede respetarse a sí mismo y no puede respetarse a sí mismo quien no paga las deudas honradas.

—¿Qué puedo hacer yo que soy un esclavo en Siria?

—Quédate como esclavo en Siria, debilucho.

—No soy un débil, —negué acaloradamente.

—Entonces demuéstralo.

—¿Cómo?

—¿Acaso tu gran rey no lucha contra sus enemigos de todas las maneras que puede y con todas las fuerzas que tiene?

—Tus deudas son tus enemigos. Te echaron de Babilonia. Los dejaste solos y se hicieron demasiado fuertes para ti. Si hubieras luchado contra ellos como un hombre, habrías podido conquistarlos y ser uno de los honrados entre la gente del pueblo. Pero no tuviste alma para luchar contra ellos y he aquí que tu orgullo ha decaído hasta ser un esclavo en Siria.

—Mucho pensé en sus acusaciones poco amables y muchas frases defensivas redacté para demostrar que no era un esclavo de corazón, pero no tuve la oportunidad de usarlas. Tres días después, la criada de Sira me llevó ante su amo.

—Mi madre está de nuevo muy enferma, —dijo—. Ensilla los dos mejores camellos del rebaño de mi marido. Atad las pieles de agua y las alforjas para un largo viaje. La doncella te dará de comer en la tienda de la cocina.

—Empaqué los camellos sorprendiéndome de la cantidad de provisiones que me proporcionó la doncella, pues la madre vivía a menos de un día de viaje. La doncella montó en el camello de atrás que le seguía y yo conduje el de mi señora. Cuando llegamos a la casa de su madre acababa de oscurecer. Sira despidió a la criada y me dijo «Dabasir, ¿tienes alma de hombre libre o alma de esclavo?»

—El alma de un hombre libre, —insistí.

—Ahora es tu oportunidad de demostrarlo. Tu amo ha bebido profundamente y sus jefes están en estado de estupor. Toma entonces estos camellos y escapa. Aquí en esta bolsa hay ropa de tu amo para disfrazarte. Diré que robaste los camellos y te escapaste mientras yo visitaba a mi madre enferma.

—Tienes el alma de una reina, —le dije—. Deseo mucho poder llevarte a la felicidad.

—La felicidad, —respondió ella—, no espera a la esposa fugitiva que la busca en tierras lejanas entre gente extraña. Sigue tu camino y que los dioses del desierto te protejan, pues el camino es lejano y sin comida ni agua.

—No necesité más insistencia, sino que le agradecí calurosamente y me adentré en la noche. No conocía este extraño país y sólo tenía una vaga idea de la dirección en la que se encontraba Babilonia, pero atravesé valientemente el desierto hacia las colinas. Monté un camello y conduje el otro. Viajé toda esa noche y todo el día siguiente, urgido por el conocimiento

150

de la terrible suerte que corrían los esclavos que robaban la propiedad de su amo y trataban de escapar.

» A última hora de la tarde, llegué a un lugar áspero y tan inhabitable como el desierto. Las afiladas rocas magullaban los pies de mis fieles camellos y pronto se abrieron paso lenta y dolorosamente.

» No vi a ningún hombre ni a ninguna bestia y pude entender bien por qué evitaban esta tierra inhóspita.

» A partir de entonces fue un viaje como pocos hombres viven para contarlo. Día tras día avanzamos con dificultad. La comida y el agua se agotaron. El calor del sol era despiadado. Al final del noveno día, me deslicé de la parte trasera de mi montura con la sensación de que estaba demasiado débil para volver a montar y que seguramente moriría, perdido en este lugar abandonado.

» Me tendí en el suelo y dormí, sin despertarme hasta el primer resplandor del día. Me senté y miré a mi alrededor. El aire de la mañana era fresco. Mis camellos yacían abatidos no muy lejos. A mi alrededor había una vasta extensión de terreno quebrado, cubierto de rocas y arena y cosas espinosas, sin señales de agua, sin nada que comer para el hombre o el camello.

» ¿Podría ser que en esta tranquila calma me enfrentara a mi fin? Mi mente estaba más clara que nunca. Mi cuerpo parecía ahora de poca importancia. Mis labios resecos y sangrantes, mi lengua seca e hinchada, mi estómago vacío, todo había perdido sus agonías supremas del día anterior.

» Miré a la distancia poco atractiva y una vez más me vino la pregunta: «¿Tengo alma de esclavo o alma de hombre libre?». Entonces comprendí con claridad que, si tenía el alma de un esclavo, debía rendirme, tumbarme en el desierto y morir, un final apropiado para un esclavo fugitivo.

» Pero si tuviera el alma de un hombre libre, ¿qué haría entonces? Seguramente, me esforzaría por volver a Babilonia, devolvería el favor a la gente que había confiado en mí, traería la felicidad a mi mujer, que me amaba de verdad, y llevaría la paz y la alegría a mis padres.

» Tus deudas son tus enemigos que te han echado de Babilonia, —había dicho Sira—. Sí, así fue.

» ¿Por qué me había negado a mantenerme firme como un hombre? ¿Por qué había permitido que mi mujer volviera con su padre?

» Entonces ocurrió algo extraño. Todo el mundo parecía tener un color diferente, como si lo hubiera estado mirando a través de una piedra de color que de repente se hubiera quitado. Por fin vi los verdaderos valores de la vida.

» ¡Muerto en el desierto! ¡Yo no! Con una nueva visión, vi las cosas que debo hacer.

» En primer lugar, volvería a Babilonia y me enfrentaría a todos los hombres con los que tuviera una deuda impagada. Debería decirles que, tras años de vagabundeo y desgracia, había regresado para pagar mis deudas tan rápido como los dioses lo permitieran. A continuación, debería formar un hogar para mi esposa y convertirme en un ciudadano del que mis padres deberían estar orgullosos.

» Mis deudas eran mis enemigos, pero los hombres a los que debía eran mis amigos porque habían confiado en mí y creían en mí. Me tambaleé débilmente hasta ponerme de pie. ¿Qué importaba el hambre? ¿Qué importaba la sed? No eran más que incidentes en el camino a Babilonia. Dentro de mí surgió el alma de un hombre libre que regresa para conquistar a sus enemigos y recompensar a sus amigos. Me emocioné con la gran resolución.

» Los ojos vidriosos de mis camellos se iluminaron ante la nueva nota de mi voz ronca. Con gran esfuerzo, después de muchos intentos, se pusieron de pie. Con lamentable perseverancia, avanzaron hacia el norte, donde algo dentro de mí decía que encontraríamos Babilonia.

» Encontramos agua. Pasamos a un país más fértil donde había hierba y fruta. Encontramos el camino a Babilonia porque el alma de un hombre libre mira la vida como una serie de problemas que hay que resolver y los resuelve, mientras que el alma de un esclavo se queja: «¿Qué puedo hacer yo que no soy más que un esclavo?».

» ¿Qué tal tú, Tarkad? ¿Tu estómago vacío te aclara mucho la cabeza? ¿Estás listo para tomar el camino que te lleva de vuelta al respeto por ti mismo? ¿Puedes ver el mundo en su verdadero color? ¿Tienes el deseo de pagar tus honestas deudas, por muchas que sean, y volver a ser un hombre respetado en Babilonia?

La humedad acudió a los ojos del joven. Se levantó ansiosamente sobre sus rodillas. —Me has mostrado una visión; ya siento surgir en mí el alma de un hombre libre.

—¿Cómo le fue a su regreso?, —preguntó un oyente interesado.

—Donde está la determinación, se puede encontrar el camino, —respondió Dabasir—. Ahora tenía la determinación, así que me puse a buscar el camino. » Primero visité a todos los hombres con los que estaba en deuda y les rogué su indulgencia hasta que pudiera ganar aquello con lo que pagar. La mayoría de ellos me recibió de buen grado. Varios me vilipendiaron, pero otros se ofrecieron a ayudarme; uno, de hecho, me dio la ayuda que necesitaba. Era Mathon, el prestamista de oro. Al enterarse de que yo había sido prestamista de camellos en Siria, me envió al viejo Nebatur, el comerciante de camellos, que acababa de recibir el encargo de nuestro buen rey de comprar muchos rebaños de camellos sanos para la gran expedición. Con él puse en práctica mis conocimientos sobre los camellos. Poco a poco pude devolver cada cobre y cada pieza de plata. Entonces, por fin, pude levantar la cabeza y sentir que era un hombre honorable entre los hombres.

De nuevo Dabasir miró su comida. —Kauskor—, llamó en voz alta para que se le oyera en la cocina, —la comida está fría. Tráeme más carne recién asada. Trae también una porción muy grande para Tarkad, el hijo de mi viejo amigo, que tiene hambre y comerá conmigo.

Así terminó la historia de Dabasir, el comerciante de camellos de la antigua Babilonia. Encontró su propia alma cuando se dio cuenta de una gran verdad, una verdad que había sido conocida y utilizada por hombres sabios mucho antes de su tiempo.

Estos principios han sacado a los hombres de todas las épocas de las dificultades y los han llevado al éxito, y seguirá haciéndolo para aquellos que tengan la sabiduría de comprender su poder mágico. Es para cualquier hombre que lea estas líneas.

"Donde está la determinación, se puede encontrar el camino."

Las tablillas de arcilla de Babilonia

Swithin's College Universidad de Nottingham Newark- on-Trent Nottingham

El profesor Franklin Caldwell, Cuidado de la expedición científica británica, Hillah, Mesopotamia.

21 de octubre de 1934.

Mi querido profesor:

Las cinco tablillas de arcilla de su reciente excavación en las ruinas de Babilonia llegaron en el mismo barco que su carta. Me han fascinado enormemente y he pasado muchas horas agradables traduciendo sus inscripciones. Debería haber respondido a su carta de inmediato, pero lo retrasé hasta que pude completar las traducciones que se adjuntan.

158

Las tabletas llegaron sin daños, gracias a su cuidadoso uso de conservantes y su excelente embalaje.

Se quedarán tan asombrados como nosotros en el laboratorio ante la historia que relatan. Uno espera que el oscuro y lejano pasado hable de romance y aventura. Cosas del tipo "Las mil y una noches". Cuando, en cambio, revela el problema de una persona llamada Dabasir para pagar sus deudas, uno se da cuenta de que las condiciones de este viejo mundo no han cambiado tanto en cinco mil años como cabría esperar.

Es curioso, pero estas inscripciones antiguas me dan bastante "rabia", como dicen los alumnos. Siendo un profesor universitario, se supone que soy un ser humano pensante que posee un conocimiento práctico de la mayoría de los temas.

Sin embargo, he aquí que este anciano sale de las ruinas cubiertas de polvo de Babilonia para ofrecerme una forma de la que nunca había oído hablar para pagar mis deudas y, al mismo tiempo, adquirir oro que tintinee en mi cartera.

Un pensamiento agradable, digo, e interesante para probar si funcionará tan bien hoy en día como lo hizo en la antigua Babilonia. La Sra. Shrewsbury y yo estamos planeando probar su plan en nuestros propios asuntos, que podrían ser muy mejorados. Deseándole la mejor de las suertes y esperando ansiosamente otra oportunidad para ayudar, me despido.

Atentamente, Alfred H. Shewsbury,

Departamento de Arqueología.

Ahora, cuando la luna se llena, yo, Dabasir, que acabo de regresar de la esclavitud en Siria, con la determinación de pagar mis muchas y justas deudas y convertirme en un hombre de recursos digno de respeto en mi ciudad natal de Babilonia, grabo aquí en la arcilla un registro permanente de mis asuntos para guiarme y ayudarme a llevar a cabo mis altos deseos.

Bajo el sabio consejo de mi buen amigo Mathon, el prestamista de oro, estoy decidido a seguir un plan exacto que, según él, conducirá a cualquier hombre honorable fuera de las deudas hacia los medios y el auto respeto.

Este plan incluye tres propósitos que son mi esperanza y deseo. En primer lugar, el plan prevé mi prosperidad futura.

Por lo tanto, una décima parte de todo lo que gane se reservará para mí. Porque Mathon habla sabiamente cuando dice:

«Aquel hombre que guarda en su bolsa el oro y la plata que no necesita gastar es bueno con su familia y leal con su rey».

«El hombre que no tiene más que unas pocas monedas en su bolsa es indiferente a su familia e indiferente a su rey».

«Pero el hombre que no tiene nada en su bolsa es poco amable con su familia y es desleal con su rey, pues su propio corazón está amargado».

«Por lo tanto, el hombre que desea alcanzar la felicidad debe tener moneda que pueda guardar para tintinear en su monedero, que tenga en su corazón amor por su familia y lealtad a su rey».

En segundo lugar, el plan establece que debo mantener y vestir a mi buena esposa que ha regresado a mí con lealtad desde la casa de su padre. Porque Mathon dice que cuidar bien de una esposa fiel infunde respeto a sí mismo en el corazón de un hombre y añade fuerza y determinación a sus propósitos.

Por lo tanto, las siete décimas partes de todo lo que gane se utilizarán para proporcionar un hogar, ropa para vestir y alimentos para comer, con un poco más para gastar, para que nuestras vidas no carezcan de placer.

Pero, además, ordena el mayor cuidado para que no gastemos más de las siete décimas partes de lo que gane para estos dignos propósitos. En esto radica el éxito del plan.

Debo vivir de esta porción y nunca usar más ni comprar lo que no pueda pagar de esta porción.

En tercer lugar, el plan prevé que mis deudas se paguen con mis ganancias. Por lo tanto, cada vez que la luna esté llena, dos décimos de todo lo que he ganado se dividirán honorable y equitativamente entre aquellos que han confiado en mí y con quienes estoy en deuda. Así, a su debido tiempo, todas mis deudas serán pagadas con seguridad.

Por lo tanto, grabo aquí el nombre de cada hombre con el que estoy en deuda y la cantidad honesta de mi deuda.

Fahru, el tejedor de telas, 2 de plata, 6 de cobre. Sinjar, el fabricante de sofás, 1 plata. Ahmar, mi amigo, 3 de plata, 1 de cobre.

Zankar, mi amigo, 4 de plata, 7 de cobre, Askamir, mi amigo, 1 de plata, 3 de cobre. Harinsir, el joyero, 6 de plata, 2 de cobre.

Diarbeker, amigo de mi padre, 4 de plata, 1 de cobre. Alkahad, el dueño de la casa, 14 de plata.

Mathon, el prestamista de oro, 9 de plata. Birejik, el agricultor, 1 de plata, 7 de cobre.

(A partir de aquí, desintegrado. No se puede descifrar).

A estos acreedores debo en total ciento diecinueve piezas de plata y ciento cuarenta y una de cobre. Como debía estas sumas y no veía la forma de pagarlas, en mi locura permití que mi esposa volviera con su padre y abandoné mi ciudad natal para buscar riqueza fácil en otro lugar, sólo para encontrar el desastre y verme vendido a la degradación de la esclavitud.

Ahora que Mathon me muestra cómo puedo pagar mis deudas con pequeñas sumas de mis ingresos, me doy cuenta de la gran magnitud de mi locura al huir de los resultados de mis extravagancias. Por lo tanto, he visitado a mis acreedores y les he explicado que no tengo recursos con los que pagar, excepto mi capacidad de ganar, y que tengo la intención de aplicar dos décimas de todo lo que gane a mi deuda de manera uniforme y honesta. Esto es lo que puedo pagar, pero no más.

Por lo tanto, si tienen paciencia, con el tiempo mis obligaciones serán pagadas en su totalidad.

Ahmar, a quien consideraba mi mejor amigo, me denigró amargamente y me dejó humillado.

Birejik, el agricultor, me rogó que le pagara primero, ya que necesitaba urgentemente ayuda.

Alkahad, el dueño de la casa, fue muy desagradable e insistió en que me daría problemas a menos que me pusiera pronto al día con él.

Todos los demás aceptaron de buen grado mi propuesta. Por eso estoy más decidido que nunca a llevarla a cabo, convencido de que es más fácil pagar las deudas justas que evitarlas. Aunque no pueda satisfacer las necesidades y exigencias de algunos de mis acreedores, trataré imparcialmente con todos.

De nuevo la luna brilla llena. He trabajado duro con una mente libre. Mi buena esposa ha apoyado mis intenciones de pagar a mis acreedores.

Gracias a nuestra sabia determinación, he ganado durante la pasada luna, comprando camellos de viento sano y buenas patas, para Nebatur, la suma de diecinueve piezas de plata.

Esto lo he dividido según el plan. Una décima parte la he reservado para mantenerla como propia, siete décimas la he dividido con mi buena esposa para pagar nuestra vida. Dos décimos los he repartido entre mis acreedores tan equitativamente como se puede hacer en cobres.

No vi a Ahmar, sino que lo dejé con su mujer. Birejik estaba tan contento que me besaba la mano. Sólo el viejo Alkahad estaba gruñón y decía que debía pagar más rápido. A lo que yo respondí que, yo necesitaba estar bien alimentado y sin preocupaciones—sólo eso me permitiría pagar más rápido. Todos los demás me dieron las gracias y hablaron bien de mis esfuerzos.

Por lo tanto, al final de una luna, mi deuda se ha reducido en casi cuatro piezas de plata y poseo además casi dos piezas de plata, sobre las que ningún hombre tiene derecho. Mi corazón es más ligero de lo que ha sido durante mucho tiempo.

De nuevo la luna brilla llena. He trabajado duro, pero con poco éxito. Pocos camellos he podido comprar. Sólo he ganado once piezas de plata. Sin embargo, mi buena esposa y yo nos hemos mantenido en el plan, aunque no hayamos comprado ropa nueva y hayamos comido sólo hierbas.

Una vez más, nos pagamos una décima parte de las once piezas, mientras que nosotros vivíamos con siete décimas partes. Me sorprendió que Ahmar elogiara mi pago, aunque fuera pequeño. También lo hizo Birejik. Alkahad montó en cólera, pero cuando le dije que no devolviera su parte si no lo deseaba, se reconcilió. Los demás, como antes, se contentaron. De nuevo la luna brilla llena y me alegro mucho. Intercepté un buen rebaño de camellos y compré muchos sanos, por lo que mis ganancias fueron de cuarenta y dos piezas de plata. Esta luna mi esposa y yo hemos comprado sandalias y vestimentas muy necesarias. También hemos cenado carne y aves de corral.

Hemos pagado más de ocho piezas de plata a nuestros acreedores. Ni siquiera Alkahad protestó.

El plan es grande porque nos saca de las deudas y nos da riquezas que son nuestras.

Tres veces había estado la luna llena desde la última vez que tallé en esta arcilla. Cada vez me he pagado una décima parte de todo lo que ganaba. Cada vez que mi buena esposa y yo hemos vivido con siete décimas partes, aunque a veces es difícil. Cada vez he pagado a mis acreedores dos décimas partes.

En mi monedero tengo ahora veintiún piezas de plata que sólo me pertenecen a mí. Hace que mi cabeza se erija sobre mis hombros y me hace sentir orgulloso de caminar entre mis amigos. Mi esposa mantiene bien nuestra casa y está bien vestida. Somos felices de vivir juntos.

El plan tiene un valor incalculable. ¿No ha convertido en un hombre honorable a un exesclavo?

De nuevo brilla la luna llena y recuerdo que hace tiempo que tallé en la arcilla. Doce lunas, en verdad, han ido y venido. Pero este día no descuidaré mi registro porque en este día he pagado la última de mis deudas.

Este es el día en que, junto con mi buena esposa, celebramos con un gran festín que nuestra determinación ha logrado.

En mi última visita a mis acreedores ocurrieron muchas cosas que recordaré durante mucho tiempo. Ahmar me pidió perdón por sus palabras poco amables y dijo que yo era uno de los que más deseaba como amigo.

El viejo Alkahad no es tan malo después de todo, pues dijo: «Antes eras un trozo de arcilla blanda que podía ser prensado y moldeado por cualquier mano que te tocara, pero ahora eres un trozo de bronce capaz de sostener un filo. Si necesitas plata u oro en algún momento ven a mí».

Tampoco es el único que me tiene en alta estima. Muchos otros me hablan con deferencia. Mi buena esposa me mira con una luz en los ojos que hace que un hombre tenga confianza en sí mismo.

Sin embargo, es el plan que ha hecho mi éxito. Me ha permitido pagar todas mis deudas y hacer sonar el oro y la plata en mi cartera. Lo recomiendo a todos los que deseen salir adelante. Porque, en verdad, si le permite a un exesclavo pagar sus deudas y tener oro en su cartera, ¿no ayudará a cualquier hombre a encontrar la independencia? Yo mismo no he terminado con el plan, pues estoy convencido de que si lo sigo me hará rico entre los hombres.

Swithin's College Universidad de Nottingham Newark-
on-Trent, Nottingham

El profesor Franklin Caldwell, Cuidado de la expedición científica británica, Hillah,
Mesopotamia.

7 de noviembre de 1936. Mi querido profesor:

Si, al seguir escarbando en esas ruinas de Babilonia, te encuentras con el fantasma de un antiguo residente, un viejo comerciante de camellos llamado Dabasir, hazme un favor. Dígale que sus garabatos en esas tablillas de arcilla, hace tanto tiempo, le han valido la gratitud de por vida de un par de universitarios aquí en Inglaterra.

Posiblemente recordarán que hace un año escribí que la señora Shrewsbury y yo teníamos la intención de probar su plan para salir de las deudas y, al mismo tiempo, tener oro para tintinear. Habrán adivinado, aunque tratamos de ocultarlo a nuestros amigos, nuestra desesperada situación.

Nos vimos terriblemente humillados durante años por un montón de viejas deudas y nos preocupamos mucho por temor a que alguno de los comerciantes iniciara un escándalo que me obligara a abandonar el colegio. Pagábamos y pagábamos -cada chelín que podíamos sacar de los ingresos-, pero apenas era suficiente para mantener la situación. Además, nos vimos obligados a hacer todas las compras donde pudiéramos obtener más crédito, a pesar de los altos costos.

Se convirtió en uno de esos círculos viciosos que empeoran en lugar de mejorar. Nuestras luchas eran cada vez más desesperadas. No podíamos mudarnos a habitaciones menos costosas porque le debíamos al propietario.

168

Parece que no había nada que pudiéramos hacer para mejorar nuestra situación.

Entonces, aquí viene su conocido, el viejo comerciante de camellos de Babilonia, con un plan para hacer justo lo que queríamos lograr. Nos animó a seguir su sistema. Hicimos una lista de todas nuestras deudas y la llevé y se la mostré a todos los que debíamos.

Les expliqué que era sencillamente imposible que pudiera pagarles tal y como iban las cosas. Ellos mismos pudieron comprobarlo a partir de las cifras. Entonces les expliqué que la única manera que veía de pagarles en su totalidad era reservando el veinte por ciento de mis ingresos cada mes para dividirlos a prorrata, lo que nos permitiría pagarles en su totalidad en poco más de dos años.

Eran realmente muy decentes. Nuestro verdulero, un viejo sabio, lo dijo de una manera que ayudó a que el resto se recuperara. «Si pagáis todo lo que compráis y luego pagáis algo de lo que debéis, es mejor que lo que habéis hecho, pues no habéis pagado nada de la cuenta en tres años». Finalmente conseguí que todos firmaran un acuerdo por el que se comprometían a no molestarnos mientras se pagara regularmente el veinte por ciento de nuestros ingresos.

Entonces empezamos a maquinar cómo vivir con el setenta por ciento. Estábamos decididos a quedarnos con ese diez por ciento extra para tintinear. La idea de la plata y posiblemente del oro era de lo más seductora.

Fue como una aventura hacer el cambio. Disfrutamos calculando de esta manera y de la otra, para vivir cómodamente con ese setenta por ciento restante. Empezamos con el alquiler y conseguimos una buena rebaja. A continuación, pusimos bajo sospecha nuestras marcas favoritas de té y similares y nos sorprendió gratamente la frecuencia con la que podíamos adquirir calidades superiores a menor costo.

Es una historia demasiado larga para una carta, pero en cualquier caso no resultó difícil. Nos las arreglamos, y muy alegremente. Fue un alivio tener nuestros asuntos en tal forma que ya no nos perseguían las cuentas atrasadas.

Sin embargo, no debo dejar de hablarles de ese diez por ciento extra que debíamos guardar. Es lo verdaderamente divertido, empezar a acumular dinero que no quieres gastar. Hay más placer en acumular un superávit de lo que podría haber en gastarlo.

Hemos hecho una inversión sobre la que podemos pagar ese diez por ciento cada mes. Esto está resultando ser la parte más satisfactoria de nuestra regeneración. Es lo primero que pagamos con mi cheque.

Es una sensación de seguridad muy gratificante saber que nuestra inversión crece constantemente. Cuando termine mi etapa de profesor, debería ser una suma ajustada, lo suficientemente grande como para que los ingresos se ocupen de nosotros a partir de entonces.

Todo esto proviene del mismo cheque de siempre. Difícil de creer, pero absolutamente cierto. Todas nuestras deudas se van pagando poco a poco y al mismo tiempo nuestra inversión aumenta. Además, nos va, financieramente, incluso mejor que antes. Quién iba a creer que podía haber tanta diferencia en los resultados entre seguir un plan financiero y simplemente ir a la deriva.

A finales del próximo año, cuando hayamos pagado todas nuestras deudas, tendremos más para pagar nuestra inversión, además de un poco más para los viajes.

Estamos decididos a no permitir nunca más que nuestros gastos superen el setenta por ciento de nuestros ingresos. Ahora pueden entender por qué nos gustaría extender nuestro agradecimiento personal a ese anciano cuyo plan nos salvó de nuestro "Infierno en la Tierra".

Él lo sabía. Había pasado por todo ello. Quería que otros se beneficiaran de sus propias experiencias amargas. Por eso pasó tediosas horas tallando su mensaje en la arcilla. Tenía un mensaje real para los compañeros de fatigas, un mensaje tan importante que, después de cinco mil años, ha resurgido de las ruinas de Babilonia, tan verdadero y vital como el día en que fue enterrado.

Atentamente, Alfred H. Shrewsbury,

Departamento de Arqueología.

El hombre más afortunado de Babilonia

A la cabeza de su caravana, cabalgaba orgulloso Sharru Nada, el príncipe mercader de Babilonia. Le gustaban las telas finas y vestía ropas ricas y elegantes. Le gustaban los animales finos y se sentaba fácilmente sobre su brioso semental árabe. Al mirarlo, difícilmente se habría adivinado su avanzada edad. Ciertamente, no habrían sospechado que tenía problemas de salud.

El viaje desde Damasco es largo y las dificultades del desierto son muchas. Esto no le importó.

Las tribus árabes son feroces y están deseosas de saquear las caravanas ricas. No les temía, pues sus numerosos guardias montados en la flota representaban una protección confiable.

El joven que tenía a su lado, al que traía de Damasco, le inquietaba. Se trataba de Hadan Gula, el nieto de su compañero de otros años, Arad Gula, con el que sentía que tenía una deuda

172

de gratitud que nunca podría saldar. Le gustaría hacer algo por este nieto, pero cuanto más lo consideraba, más difícil le parecía debido al propio joven.

Observando los anillos y pendientes del joven, pensó para sí mismo: «Cree que las joyas son para los hombres, y aun así tiene el rostro fuerte de su abuelo. Pero su abuelo no llevaba ropas tan llamativas. Aun así, le pedí que viniera, con la esperanza de poder ayudarle a salir adelante por sí mismo y a alejarse de la ruina que su padre ha hecho de su herencia».

Hadan Gula irrumpió en sus pensamientos: «¿Por qué trabajas tanto, acompañando siempre a tu caravana en sus largos viajes? ¿Nunca te tomas tiempo para disfrutar de la vida?»

Sharru Nada sonrió. —¿Disfrutar de la vida?, —repitió—. ¿Qué harías para disfrutar de la vida si fueras Sharru Nada?

—Si tuviera una riqueza igual a la tuya, viviría como un príncipe. Jamás atravesaría el caluroso desierto. Gastaría los siclos tan rápido como llegaran a mi bolsa. Compraría las túnicas más caras y las joyas más deslumbrantes. Esa sería una vida a mi gusto, una vida que valiera la pena vivir. —Ambos hombres se rieron.

—Tu abuelo no llevaba joyas —Sharru Nada habló antes de pensar, y luego continuó bromeando—, ¿No dejarías tiempo para trabajar?

—El trabajo se hizo para los esclavos—, respondió Hadan Gula. Sharra Nada se mordió el labio, pero no respondió, cabalgando en silencio hasta que el sendero los llevó a la ladera.

En este punto, frenó su montura y, señalando el verde valle a lo lejos, dijo: —Mira, ahí está el valle. Mira hacia abajo y podrás ver débilmente las murallas de Babilonia. La torre es el Templo de Bel. Si tus ojos son agudos podrás ver incluso el humo del fuego eterno sobre su cima.

—¿Así que eso es Babilonia? Siempre he anhelado ver la ciudad más rica de todo el mundo, —comentó Hadan Gula—. Babilonia, donde mi abuelo comenzó su fortuna. Ojalá siguiera vivo. No tendríamos tantos problemas.

—¿Por qué desear que su espíritu permanezca en la tierra más allá de su tiempo asignado? Tú y tu padre pueden continuar su buena obra.

Por desgracia, ninguno de nosotros tiene su don. Mi padre y yo no conocemos su secreto para atraer los siclos de oro.

Sharru Nada no respondió, sino que dio rienda suelta a su montura y cabalgó pensativo por el sendero hacia el valle. Detrás de ellos seguía la caravana en una nube de polvo rojizo. Algún tiempo después llegaron a la carretera de los Reyes y giraron hacia el sur a través de las granjas de regadío.

Tres ancianos que araban un campo llamaron la atención de Sharru Nada. Le resultaban extrañamente familiares.

¡Qué ridículo! Uno no pasa por un campo después de cuarenta años y encuentra a los mismos hombres arando allí. Sin embargo, algo en su interior le decía que eran los mismos. Uno, con un agarre incierto, sostenía el arado. Los otros se movían laboriosamente junto a los bueyes, golpeándolos ineficazmente con sus varas de barril para que siguieran tirando.

Hace cuarenta años había envidiado a esos hombres. ¡Con qué gusto habría cambiado de lugar! Pero qué diferencia hay

174

ahora. Con orgullo miró hacia atrás, a su caravana, con camellos y asnos bien elegidos, cargados de valiosas mercancías procedentes de Damasco. Todo esto no era más que una de sus posesiones.

Señaló a los aradores, diciendo: —Siguen arando el mismo campo donde estaban hace cuarenta años.

—Puede ser, pero ¿por qué crees que son ellos?

—Los vi allí, —respondió Sharru Nada. Los recuerdos se agolpaban rápidamente en su mente.

Entonces vio, como en un momento, el rostro sonriente de Arad Gula. La barrera entre él y el joven cínico que estaba a su lado se disolvió.

¿Pero cómo podría ayudar a un joven tan superior con sus ideas derrochadoras y sus manos enjoyadas?

Podía ofrecer trabajo en abundancia a los trabajadores dispuestos, pero nada a los hombres que se consideraban demasiado buenos para el trabajo. Sin embargo, le debía a Arad Gula hacer algo, no un intento a medias. Él y Arad Gula nunca habían hecho las cosas de esa manera. No eran esa clase de hombres.

Un plan se le vino a la mente casi en un instante. Tenía objeciones. Debía tener en cuenta a su propia familia y posición. Sería cruel; le dolería. Siendo un hombre de decisiones rápidas, renunció a las objeciones y decidió actuar.

—¿Te interesaría saber cómo tu digno abuelo y yo nos unimos en una sociedad que resultó tan provechosa?

—¿Por qué no me dices cómo hiciste los siclos de oro? Eso es todo lo que necesito saber.

Sharru ignoró la respuesta y continuó: —Empezamos con aquellos hombres que araban. Yo no era mayor que tú. Cuando la columna de hombres en la que marchaba se acercaba, Megiddo, el agricultor, se burlaba de la forma tan descuidada en que araban. Megiddo estaba encadenado a mi lado. «Mira a esos vagos —protestó—, el que ara no se esfuerza en arar en profundidad, ni los batidores mantienen a los bueyes en el surco».

—¿Cómo pueden esperar obtener una buena cosecha con un arado deficiente?.

—¿Dijiste que Megiddo estaba encadenado a ti? —preguntó sorprendido Hadan Gula.

—Sí, con collares de bronce al cuello y un tramo de pesada cadena entre nosotros. Junto a él estaba Zabado, el ladrón de ovejas. Lo había conocido en Harroun. Al final había un hombre al que llamábamos Pirata porque no nos dijo su nombre. Lo juzgamos como un marinero ya que tenía tatuadas serpientes entrelazadas en el pecho a la manera de los marineros. La columna se formó así para que los hombres pudieran caminar de a cuatro.

—¿Estabas encadenado como un esclavo? —preguntó incrédulo Hadan Gula.

—¿No te dijo tu abuelo que una vez fui esclavo?

—A menudo habló de ti, pero nunca lo insinuó.

—Era un hombre al que podías confiar tus secretos más íntimos. Tú también eres un hombre en el que puedo confiar, ¿no es así? —Sharru Nada le miró directamente a los ojos.

—Puedes confiar en mi silencio, pero estoy sorprendido. Dime cómo llegaste a ser un esclavo.

Sharru Nada se encogió de hombros, y dijo:

—Cualquier hombre puede ser esclavo. Fue una casa de juego y la cerveza de cebada lo que me llevó al desastre. Fui víctima de las indiscreciones de mi hermano. En una disputa mató a su amigo. Me uní a la viuda por mi gordura, desesperada por evitar que mi hermano fuera perseguido por la ley. Cuando mi padre no pudo reunir la plata para liberarme, ella, furiosa, me vendió al tratante de esclavos.

—¡Qué vergüenza e injusticia! —protestó Hadan Gula—. Pero dime, ¿cómo has recuperado la libertad?

—Llegaremos a eso, pero aún no. Continuemos con mi relato. Al pasar, los aradores se burlaron de nosotros. Uno de ellos se quitó el sombrero y se inclinó, diciendo: «Bienvenidos a Babilonia, invitados del Rey. Él os espera en las murallas de la ciudad, donde se ofrece el banquete, ladrillos de barro y sopa de cebolla». Y con eso se rieron a carcajadas.

» Pirata montó en cólera y los maldijo rotundamente.

» ¿Qué quieren decir esos hombres con que el Rey nos espera en las murallas? —le pregunté.

» A las murallas de la ciudad marcháis para llevar ladrillos hasta que se os rompa la espalda. Tal vez te golpeen hasta la muerte antes de que se rompa.

» No me golpearán. Los mataré.

» Entonces Megiddo intervino: «No me parece lógico hablar de amos que matan a golpes a esclavos voluntarios y trabajadores. A los amos les gustan los buenos esclavos y los tratan bien».

—¿Quién quiere trabajar duro?, —comentó Zabado—, esos aradores son tipos sabios. No se rompen la espalda. Sólo se dejan ver como si lo hicieran.

—No puedes salir adelante esquivando, —protestó Megiddo—. Si aras una hectárea, es un buen día de trabajo y cualquier maestro lo sabe. Pero cuando aras sólo media, eso es eludir. Yo no rehúyo. Me gusta trabajar y me gusta hacer un buen trabajo, porque el trabajo es el mejor amigo que he conocido. Me ha traído todas las cosas buenas que he tenido, mi granja y las vacas y las cosechas, todo.

—Sí, ¿y dónde están estas cosas ahora? —se burló Zabado—. Me imagino que es mejor ser inteligente y arreglárselas sin trabajar. Mira Zabado, si nos venden a las murallas, él estará cargando la bolsa de agua o algún trabajo fácil cuando tú, que te gusta trabajar, te romperás la espalda cargando ladrillos. Se rio con su risa tonta.

—El terror se apoderó de mí esa noche. No podía dormir. Me apiñé cerca de la cuerda de la guardia, y cuando los demás dormían, atraje la atención de Godoso, que hacía la primera guardia. Era uno de esos árabes bandidos, el tipo de pícaro que, si te roba la cartera, piensa que también debe cortarte el cuello.

—Dime, Godoso, —susurré—, cuando lleguemos a Babilonia, ¿nos venderán a las murallas?

—¿Por qué quieres saberlo? —, preguntó con cautela.

—¿No puedes entender? —Le supliqué—. Soy joven. Quiero vivir. No quiero que me hagan trabajar ni que me maten a golpes en las paredes. ¿Hay alguna posibilidad de que consiga un buen amo?

—Me susurró: «Te cuento algo. Tú, buen amigo, no le des problemas a Godoso. La mayoría de las veces vamos primero al mercado de esclavos. Escucha ahora. Cuando vengan los compradores, diles que eres un buen trabajador, que te gusta trabajar duro para un buen amo. Haz que quieran comprar. Si no haces que compren, al día siguiente llevas ladrillos—un trabajo muy duro».

—Después de que se marchara, me tumbé en la cálida arena, mirando las estrellas y pensando en el trabajo.

» Lo que Megiddo había dicho sobre que era su mejor amigo me hizo preguntarme si sería mi mejor amigo.

» Ciertamente lo sería si me ayudara a salir de esto.

» Cuando Megiddo se despertó, le susurré mis buenas noticias. Era nuestro único rayo de esperanza mientras marchábamos hacia Babilonia. A última hora de la tarde nos acercamos a las murallas y pudimos ver las filas de hombres, como hormigas negras, subiendo y bajando por los empinados senderos diagonales. A medida que nos acercábamos, nos asombraban los miles de hombres que trabajaban; algunos cavaban en el foso, otros mezclaban la tierra para hacer ladrillos de barro. El mayor número de ellos transportaba los ladrillos en grandes cestas por aquellos empinados senderos hasta los albañiles.

» Los capataces maldecían a los rezagados y azotaban con látigos de buey las espaldas de los que no se mantenían en línea. Se veía a los pobres y agotados compañeros tambalearse y caer bajo sus pesadas cestas, incapaces de volver a levantarse. Si los latigazos no conseguían ponerlos en pie, los empujaban a un lado de los caminos y los dejaban retorciéndose de dolor. Pronto los arrastraban hasta unirse a otros cuerpos cobardes junto a la calzada para esperar tumbas no santificadas. Al contemplar el espantoso espectáculo, me estremecí. Así que esto era lo que le esperaba al hijo de mi padre si fracasaba en el mercado de esclavos.

» Las famosas obras de la antigua Babilonia, sus murallas, templos, jardines colgantes y grandes canales, fueron construidas por mano de obra esclava, principalmente prisioneros de guerra, lo que explica el trato inhumano que recibían.

» Esta fuerza de trabajo también incluía a muchos ciudadanos de Babilonia y sus provincias que habían sido vendidos como esclavos a causa de delitos o problemas financieros. Era una costumbre común que los hombres se pusieran a sí mismos, a sus esposas o a sus hijos como fianza para garantizar el pago de préstamos, juicios legales u otras obligaciones. En caso de incumplimiento, los que se comprometían eran vendidos como esclavos.

» Godoso había tenido razón. Nos llevaron a través de las puertas de la ciudad a la prisión de esclavos y a la mañana siguiente nos llevaron a los corrales del mercado. Aquí el resto de los hombres se acurrucaron con miedo y sólo los látigos de nuestra guardia pudieron mantenerlos en movimiento para que los compradores pudieran examinarlos. Megiddo y yo hablamos con entusiasmo con todos los hombres que nos permitieron dirigirnos a ellos.

» El traficante de esclavos trajo soldados de la Guardia del Rey que encadenaron a Pirata y lo golpearon brutalmente cuando protestó. Mientras se lo llevaban, sentí pena por él.

» Megiddo sintió que pronto nos separaríamos. Cuando no había compradores cerca, me habló seriamente para inculcarme lo valioso que sería el trabajo para mí en el futuro: «Algunos hombres lo odian. Lo convierten en su enemigo. Es mejor tratarlo como a un amigo, haz que te guste. No te preocupes porque sea duro. Si piensas en la buena casa que construyes, qué importa que las vigas sean pesadas y que esté lejos el pozo para llevar el agua para el yeso. Prométeme, muchacho, que si consigues un maestro, trabajarás para él todo lo que puedas. Si no aprecia todo lo que haces, no importa. Recuerda que el trabajo, bien hecho, hace bien al hombre que lo hace. Lo convierte en un hombre mejor».

» Se detuvo cuando un corpulento granjero se acercó al recinto y nos miró críticamente.

» Megiddo preguntó por su granja y sus cultivos, y pronto se convenció de que sería un hombre valioso. Tras un violento regateo con el tratante de esclavos, el granjero sacó un grueso bolso de debajo de su túnica, y pronto Megiddo había seguido a su nuevo amo hasta perderse de vista.

» Otros pocos hombres fueron vendidos durante la mañana. Al mediodía Godoso me confió que el tratante estaba disgustado y que no se quedaría otra noche, sino que llevaría a todos los que quedaran al atardecer al comprador del Rey. Me estaba desesperando cuando un hombre gordo y bonachón se acercó a la pared y preguntó si había algún panadero entre nosotros.

» Me acerqué a él diciendo: «¿Por qué un buen panadero como tú ha de buscar a otro panadero de costumbres inferiores? ¿No sería más fácil enseñar a un hombre dispuesto como yo tus hábiles maneras? Mírame, soy joven, fuerte y me gusta trabajar. Dame una oportunidad y haré todo lo posible para ganar oro y plata para tu bolsa».

» Quedó impresionado por mi disposición y empezó a regatear con el comerciante, que nunca se había fijado en mí desde que me había comprado, pero que ahora se mostraba elocuente sobre mis habilidades, mi buena salud y disposición. Me sentí como un buey gordo que se vende a un carnicero. Por fin, para mi alegría, se cerró el trato. Seguí a mi nuevo amo, pensando que yo era el hombre más afortunado de Babilonia.

» Mi nuevo hogar era muy de mi agrado. Nana-naid, mi maestro, me enseñó a moler la cebada en el cuenco de piedra que había en el patio, a encender el fuego del horno y a moler

182

muy fino la harina de sésamo para las tortas de miel. Tenía un sillón en el cobertizo donde se almacenaba el grano. La vieja esclava ama de casa, Swasti, me alimentaba bien y se alegraba de cómo la ayudaba en las tareas pesadas.

» Aquí estaba la oportunidad que había anhelado para hacerme valioso para mi amo y, esperaba, encontrar una manera de ganar mi libertad.

» Le pedí a Nana-naid que me enseñara a amasar el pan y a hornear. Lo hizo, muy complacido por mi disposición. Más tarde, cuando pude hacerlo bien, le pedí que me enseñara a hacer los pasteles de miel, y pronto me ocupé de toda la cocción. Mi amo se alegró de estar ocioso, pero Swasti movió la cabeza en señal de desaprobación: «Ningún trabajo que hacer es malo para ningún hombre», declaró.

» Sentí que había llegado el momento de pensar en una manera de empezar a ganar monedas para comprar mi libertad. Como la cocción terminaba al mediodía, pensé que Nana-naid aprobaría que encontrara un empleo provechoso para las tardes y que podría compartir mis ganancias conmigo.

» Entonces se me ocurrió: ¿por qué no hornear más pasteles de miel y venderlos a los hombres hambrientos en las calles de la ciudad?

» Le presenté mi plan a Nana-naid de la siguiente manera: «Si puedo usar mis tardes después de terminar de hornear para ganar monedas para ti, ¿sería justo que compartieras mis ganancias conmigo para que yo pudiera tener dinero propio para gastar en esas cosas que todo hombre desea y necesita?»

—Es justo, es justo, —admitió—. Cuando le conté mi plan

de vender nuestros pasteles de miel, se alegró mucho. —Esto es lo que haremos, —sugirió—. Tú los vendes a dos por un penique, y la mitad de los peniques serán míos para pagar la harina y la miel y la madera para hornearlos. Del resto, yo me quedaré con la mitad y tú con la otra mitad.

—Me agradó mucho su generosa oferta de quedarme con una cuarta parte de mis ventas.

» Esa noche trabajé hasta tarde para hacer una bandeja para mostrarlos. Nana- naid me dio una de sus túnicas gastadas para que tuviera un buen aspecto, y Swasti me ayudó a remendarla y a lavarla.

» Al día siguiente horneé una cantidad extra de pasteles de miel. Se veían marrones y tentadores sobre la bandeja mientras iba por la calle, llamando a gritos mi mercancía. Al principio nadie parecía interesado y me desanimé.

» Seguí adelante y, al final de la tarde, cuando los hombres tuvieron hambre, los pasteles empezaron a venderse y pronto mi bandeja quedó vacía.

» Nana-naid se alegró de mi éxito y me pagó gustosamente mi parte. Estaba encantado de poseer centavos. Megiddo había tenido razón cuando dijo que un amo apreciaba el buen trabajo de sus esclavos.

» Esa noche estaba tan emocionado por mi éxito que apenas pude dormir y traté de calcular cuánto podía ganar en un año y cuántos años serían necesarios para comprar mi libertad.

» Como salía con mi bandeja de pasteles cada día, pronto encontré clientes habituales. Uno de ellos era nada menos que tu abuelo, Arad Gula. Era comerciante de alfombras y

184

vendía a las amas de casa, yendo de un extremo a otro de la ciudad, acompañado de un burro cargado de alfombras y un esclavo negro para atenderlo. Compraba dos pasteles para él y dos para su esclavo, y siempre se quedaba hablando conmigo mientras los comían.

» Tu abuelo me dijo un día algo que siempre recordaré. Me gustan tus pasteles, muchacho, pero más aún me gusta el buen empeño con que los ofreces. Ese espíritu puede llevarte lejos en el camino del éxito.

» Pero ¿cómo puedes entender, Hadan Gula, lo que esas palabras de ánimo pueden significar para un muchacho esclavo, solitario en una gran ciudad, luchando con todo lo que tenía en él para encontrar una salida a su humillación?

» Con el paso de los meses seguí añadiendo monedas a mi monedero. Empezó a tener un peso reconfortante sobre mi cinturón. El trabajo estaba demostrando ser mi mejor amigo, tal como había dicho Megiddo. Yo era feliz, pero Swasti estaba preocupada.

—Tu amo, me da miedo que pase tanto tiempo en las casas de juego, —protestó ella.

—Un día me alegré mucho al encontrarme con mi amigo Megiddo en la calle. Llevaba tres burros cargados de verduras al mercado. «Me va muy bien», dijo. «Mi amo aprecia mi buen trabajo porque ahora soy capataz. Mira, me confía la comercialización, y también manda a apoyar a mi familia. El trabajo me está ayudando a recuperarme de mi gran problema. Algún día me ayudará a comprar mi libertad y volver a tener una granja propia.

—Pasó el tiempo y Nana-naid estaba cada vez más ansioso de que volviera de vender. Me esperaba a mi regreso y contaba y repartía con entusiasmo nuestro dinero. También me instaba a buscar más mercados y a aumentar mis ventas.

» A menudo salía a las puertas de la ciudad para ofrecer mis pasteles de miel a los capataces de los esclavos que construían las murallas. Odiaba volver a aquellos desagradables lugares, pero encontraba a los capataces compradores liberales. Un día me sorprendió ver a Zabado esperando en la cola para llenar su cesta de ladrillos. Estaba demacrado y encorvado, y su espalda estaba cubierta de ronchas y llagas por los latigazos de los capataces. Me compadecí de él y le entregué un pastel que se llevó a la boca como un animal hambriento. Al ver la mirada codiciosa en sus ojos, corrí antes de que pudiera coger mi bandeja.

—¿Por qué trabajas tanto? —me preguntó un día Arad Gula.

—Casi la misma pregunta que me has hecho hoy, ¿te acuerdas? Le conté lo que Megiddo había dicho sobre el trabajo y cómo éste estaba resultando ser mi mejor amigo. Le mostré con orgullo mi monedero y le expliqué cómo las estaba ahorrando para comprar mi libertad.

—Cuando seas libre, ¿qué harás?, —preguntó—.

—En ese entonces, —respondí—, pienso hacerme comerciante.

—En eso, me confió algo que nunca había sospechado. «No sabes que yo también soy un esclavo. Estoy en sociedad con mi amo».

—Basta, —exigió Hadan Gula—. No escucharé las mentiras

186

que difaman a mi abuelo. No era un esclavo—. Sus ojos ardían de ira.

Sharru Nada mantuvo la calma.

—Tu abuelo fue muy honorable por haberse sobrepuesto a su desgracia y haberse convertido en un ciudadano importante de Damasco. ¿Eres tú, su nieto, del mismo molde? ¿Eres lo suficientemente hombre como para afrontar los hechos reales, o prefieres vivir bajo falsas ilusiones?

Hadan Gula se enderezó en su silla de montar. Con una voz reprimida por la profunda emoción, respondió: —Mi abuelo era querido por todos. Fueron innumerables sus buenas acciones. Cuando llegó la hambruna, ¿no compró con su oro grano en Egipto y no lo llevó su caravana a Damasco y lo distribuyó entre la gente para que nadie muriera de hambre? Ahora dices que no era más que un esclavo despreciado en Babilonia.

—Si hubiera permanecido como esclavo en Babilonia, entonces bien podría haber sido despreciado, pero cuando, gracias a sus propios esfuerzos, se convirtió en un gran hombre en Damasco, los dioses, en efecto, condonaron sus desgracias y lo honraron con su respeto, —respondió Sharru Nada.

» Después de decirme que era un esclavo, —continuó Sharru Nada—, me explicó lo ansioso que había estado por ganar su libertad. Ahora que tenía suficiente dinero para comprarla, estaba muy preocupado por lo que debía hacer. Temía perder el apoyo de su amo y ya no tener tantas ventas.

—Protesté contra su indecisión: «No te aferres más a tu amo. Vuelve a sentirte un hombre libre. Actúa como un hombre libre y triunfa como tal. Decide lo que deseas lograr y entonces el trabajo te ayudará a conseguirlo».

—Siguió su camino diciendo que se alegraba de que le hubiera avergonzado por su cobardía.

» Un día volví a salir a las puertas y me sorprendió encontrar una gran multitud reunida allí. Cuando pedí explicaciones a un hombre, me contestó: «¿No te has enterado? Un esclavo fugado que asesinó a uno de los guardias del rey ha sido llevado ante la justicia y hoy será azotado hasta la muerte por su crimen. Incluso el propio rey estará aquí».

» Era tan densa la muchedumbre en torno al poste de la flagelación, que temí acercarme para que no se me estropeara la bandeja de pasteles de miel. Por lo tanto, subí al muro inacabado para ver por encima de las cabezas de la gente. Tuve la suerte de poder ver al propio Nabucodonosor cuando pasaba en su carruaje de oro. Nunca había contemplado tanta grandeza, ni tantas vestimentas y colgaduras de tela dorada y terciopelo.

» No pude ver la flagelación, aunque sí pude oír los gritos del pobre esclavo. Me pregunté cómo alguien tan noble como nuestro rey podía soportar ver tal sufrimiento, pero cuando vi que reía y bromeaba con sus nobles, supe que era cruel y comprendí por qué se exigían tareas tan inhumanas a los esclavos que construían las murallas.

» Una vez muerto el esclavo, su cuerpo fue colgado en un poste con una cuerda atada a la pierna para que todos pudieran verlo. Cuando la multitud empezó a disminuir, me acerqué. En el pecho peludo, vi tatuadas dos serpientes entrelazadas. Era Pirata. La siguiente vez que me encontré con Arad Gula era un hombre cambiado. Lleno de entusiasmo me saludó: «He aquí que el esclavo que conociste es ahora un hombre libre. Había magia en tus palabras. Mis ventas y mis beneficios ya están aumentando. Mi esposa está encantada. Ella era una mujer libre, la sobrina de mi amo. Desea que nos mudemos a una ciudad lejana donde nadie sepa que fui esclavo. Así nuestros hijos estarán por encima del reproche por la desgracia de su padre».

—El trabajo se ha convertido en mi mejor ayuda. Me ha permitido recuperar mi confianza y mi habilidad para vender.

—Me alegré mucho de haber podido, aunque fuera en una pequeña medida, devolverle los ánimos que me había dado.

» Las costumbres de los esclavos en la antigua Babilonia, aunque nos parezcan incoherentes, estaban estrictamente reguladas por la ley. Por ejemplo, un esclavo podía poseer cualquier tipo de propiedad, incluso otros esclavos sobre los que su amo no tenía derecho. Los esclavos se casaban libremente con los no esclavos. Los hijos de madres libres eran libres. La mayoría de los comerciantes de la ciudad eran esclavos. Muchos de ellos estaban asociados con sus amos y eran ricos por derecho propio.

» Una noche, Swasti vino a verme muy angustiada: «Tu maestro está en problemas. Temo por él. Hace unos meses perdió mucho en las mesas de juego. No paga al agricultor por su grano ni por su miel. No paga al prestamista. Se enfadan y le amenazan».

—¿Por qué debemos preocuparnos por su locura? No somos sus guardianes, —respondí irreflexivamente.

—Joven insensato, no entiendes. Al prestamista le dio tu título para garantizar un préstamo. Según la ley, puede reclamarte y venderte. No sé qué hacer. Es un buen amo. ¿Por qué está pasando esto?

—Oh, ¿por qué debe tener tales problemas?

—Los temores de Swasti no eran infundados. Mientras hacía los panes en la mañana siguiente, el prestamista volvió con un hombre al que llamaba Sasi. Este hombre me miró y me dijo que me llevaría

» El prestamista no esperó a que volviera mi amo, sino que le dijo a Swasti que le dijera que me había llevado. Con sólo la túnica a la espalda y el monedero de peniques colgando a buen recaudo de mi cinturón, me alejaron a toda prisa de la inacabada cocción.

» Me alejé de mis más queridas esperanzas como el huracán arrebata el árbol del bosque y lo arroja al mar embravecido. De nuevo una casa de juego y una cerveza de cebada me habían causado el desastre.

» Sasi era un hombre contundente y brusco. Mientras me guiaba por la ciudad, le hablé del buen trabajo que había hecho para Nana-naid y le dije que esperaba hacer un buen trabajo para él. Su respuesta no fue alentadora:

—No me gusta este trabajo. A mi amo no le gusta. El rey le ha dicho que te envíe a construir una sección del Gran Canal. El amo le dice a Sasi que compre más esclavos que trabajen duro y que terminen rápido. Bah, ¿cómo puede un hombre terminar rápido un gran trabajo?

—Imagina un desierto sin un solo árbol, sólo arbustos bajos

y un sol que arde con tal furia que el agua de nuestros barriles se calienta tanto que apenas podemos beberla. Luego imagina filas de hombres, bajando a la profunda excavación y arrastrando pesados cestos de tierra por senderos suaves y polvorientos desde el día hasta el anochecer. Imagínense la comida servida en comederos abiertos de los que nos servíamos como cerdos. No teníamos tiendas ni paja para las camas. Esa era la situación en la que me encontraba. Enterré mi monedero en un lugar marcado, preguntándome si volvería a desenterrarlo.

» Al principio trabajé con buena voluntad, pero a medida que los meses se alargaban, sentí que mi espíritu se quebraba. Entonces la fiebre del calor se apoderó de mi cuerpo cansado. Perdí el apetito y apenas podía comer el cordero y las verduras. Por la noche daba vueltas en una infeliz vigilia.

—En mi miseria, me pregunté si Zabado no tenía el mejor plan, para eludir y evitar que su espalda se rompiera en el trabajo. Entonces recordé la última vez que lo vi y supe que su plan no era bueno.

» Pensé en Pirata con su amargura y me pregunté si no sería mejor luchar y matar. El recuerdo de su cuerpo sangrante me recordó que su plan también era inútil.

» Entonces recordé la última vez que vi a Megiddo. Sus manos estaban profundamente encallecidas por el duro trabajo, pero su corazón era ligero y había felicidad en su rostro. El suyo era el mejor plan.

» Sin embargo, yo estaba tan dispuesto a trabajar como Megiddo; él no podría haber trabajado más que yo. ¿Por qué mi trabajo no me trajo la felicidad y el éxito? ¿Fue el trabajo lo que trajo la felicidad a Megiddo, o la felicidad y el éxito estaban simplemente en el regazo de los dioses? ¿Debía trabajar el resto de mi vida sin conseguir mis deseos, sin felicidad ni éxito? Todas estas preguntas se mezclaban en mi mente y no tenía una respuesta. De hecho, estaba muy confundido. Varios días después, cuando parecía que estaba al final de mi resistencia y mis preguntas aún sin respuesta, Sasi envió a buscarme. Un mensajero había llegado de parte de mi maestro para llevarme de vuelta a Babilonia.

» Desenterré mi preciada cartera, me envolví en los jirones de mi túnica y me puse en camino.

» Mientras cabalgábamos, los mismos pensamientos de un huracán que me arremolinaba de un lado a otro seguían corriendo por mi febril cerebro. Me parecía estar viviendo las extrañas palabras de un canto de mi ciudad natal de Harroun:

» Acosando al hombre como un torbellino, Conduciéndolo como una tormenta, cuyo curso nadie puede foliar, Cuyo destino nadie puede predecir.

» ¿Estaba yo destinado a ser siempre así castigado por no sabía qué? ¿Qué nuevas miserias y decepciones me esperaban?

» Cuando llegamos al patio de la casa de mi amo, imagínate mi sorpresa cuando vi a Arad Gula esperándome. Me ayudó a bajar y me abrazó como a un hermano perdido.

» Cuando nos pusimos en camino, quise seguirle como un esclavo debe seguir a su amo, pero él no me lo permitió. Me rodeó con su brazo, diciendo: «Te he buscado por todas partes». Cuando casi había perdido la esperanza, me encontré con Swasti, que me habló del prestamista, quien me dirigió a tu noble propietario. Me hizo un duro negocio y me hizo pagar un precio escandaloso, pero tú lo vales. Tu filosofía y tu empresa han sido mi inspiración para este nuevo éxito.

—La filosofía de Megiddo, no la mía, —interrumpí.

—La filosofía tanto de Megiddo como tuya. Gracias a los dos, vamos a Damasco y te necesito como compañero. ¡Mira!, —exclamó—, ¡en un momento serás un hombre libre! Al decir esto, sacó de debajo de su túnica la tablilla de arcilla con mi título. La levantó por encima de su cabeza y la arrojó para que se rompiera en cien pedazos sobre los adoquines. Con regocijo pisoteó los fragmentos hasta que no fueron más que polvo.

—Lágrimas de gratitud llenaron mis ojos. Supe que era el hombre más afortunado de Babilonia. El trabajo, ya ves, por esto, en el momento de mi mayor angustia, demostró ser mi mejor amigo.

» Mi voluntad de trabajar me permitió escapar de ser vendido para unirme a las bandas de esclavos en las murallas. También impresionó tanto a tu abuelo, que me eligió como compañero.

Entonces Hadan Gula preguntó: —¿El trabajo era la llave secreta de mi abuelo para obtener los siclos de oro?

—Era la única llave que tenía cuando lo conocí, —respondió Sharru Nada—. A tu abuelo le gustaba trabajar. Los dioses apreciaban sus esfuerzos y lo recompensaban generosamente.

—Empiezo a ver, —decía Hadan Gula pensativo—. El trabajo atrajo a sus muchos amigos, que admiraban su laboriosidad y el éxito que le proporcionaba. El trabajo le trajo los honores que tanto disfrutó en Damasco. El trabajo le trajo todas esas cosas que he aprobado. Y yo que creía que el trabajo era sólo apto para los esclavos.

—La vida es rica en muchos placeres para los hombres, —comentó Sharru Nada.

—Cada uno tiene su lugar. Me alegro de que el trabajo no esté reservado a los esclavos. Si así fuera, me vería privado de mi mayor placer. Disfruto de muchas cosas, pero nada sustituye al trabajo.

Sharru Nada y Hadan Gula cabalgaron entre las sombras de las imponentes murallas hasta las enormes puertas de bronce de Babilonia. Al acercarse, los guardias de la puerta se pusieron en guardia y saludaron respetuosamente a un ciudadano de honor. Con la cabeza alta, Sharru Nada dirigió la larga caravana a través de las puertas y por las calles de la ciudad.

—Siempre he esperado ser un hombre como mi abuelo, —le confió Hadan Gula—. Nunca me había dado cuenta de la clase de hombre que era. Tú me lo has enseñado. Ahora que lo entiendo, le admiro aún más y me siento más decidido a ser como él. Me temo que nunca podré pagarte por haberme dado la verdadera clave de su éxito. A partir de hoy, usaré su llave. Empezaré humildemente como él empezó, lo que corresponde a mi verdadera posición mucho mejor que las joyas y las túnicas finas.

Así, Hadan Gula se quitó las joyas de las orejas y los anillos de los dedos. Luego, al encauzar su caballo, se dejó caer hacia atrás y cabalgó con profundo respeto detrás del jefe de la caravana.

"Con un nuevo enten-
dimiento encontraremos
formas honorables de cum-
plir nuestros deseos".

Veinticinco frases clave

- Los consejos son una cosa que se da gratuitamente, pero vigila que sólo tomes los consejos que vale la pena tener.
- Nuestros actos no pueden ser más sabios que nuestros pensamientos.
- No cuesta nada pedir un consejo sabio a un buen amigo.
- Si deseas ayudar a tu amigo, hazlo de manera que no traigas sobre ti las cargas de tu amigo.
- El aprendizaje era de dos clases: una era las cosas que aprendíamos y sabíamos, y la otra era el entrenamiento que nos enseñaba a averiguar lo que no sabíamos...
- La fuerza de voluntad no es más que el propósito inquebrantable de llevar a cabo la tarea que te propones.
- Cuanta más hambre tiene uno, más clara es su mente, y también más sensible se vuelve a los olores de la comida.
- La razón por la que nunca hemos encontrado la medida de la riqueza. Nunca la hemos buscado.

- En cuanto al tiempo, todos los hombres lo tienen en abundancia.

- Donde está la determinación, se puede encontrar el camino.

- "Una parte de todo lo que gano es mía para conservarla'. Dilo por la mañana cuando te levantes. Dilo al mediodía. Dilo por la noche. Dilo cada hora de cada día. Dilo para ti mismo hasta que las palabras destaquen como letras de fuego en el cielo.

- En aquellas cosas en las que nos esforzamos al máximo, tenemos éxito.

- La preparación adecuada es la clave de nuestro éxito. Nuestros actos no pueden ser más sabios que nuestros pensamientos. Nuestros pensamientos no puede ser más sabios que nuestro entendimiento.

- Una parte de todo lo que ganas es tuya para conservarla.

- La buena suerte puede ser atraída aceptando la oportunidad.

- La riqueza, como un árbol, crece de una pequeña semilla. El primer cobre que ahorres es la semilla de la que crecerá tu árbol de la riqueza. Cuanto antes plantes esa semilla, antes crecerá el árbol. Y cuanto más fielmente alimentes y riegues ese árbol con ahorros constantes, antes podrás disfrutar de la satisfacción bajo su sombra.

- ¿Cómo puedes llamarte hombre libre cuando tu debilidad te ha llevado a esto? Si un hombre tiene en sí mismo el alma de un esclavo, ¿no se convertirá en uno sin importar su nacimiento, así como el agua busca su nivel? Si un hombre tiene en sí mismo el alma de un hombre libre, ¿no llegará a ser respetado y honrado en su propia ciudad a pesar de su desgracia?

- El hombre que, gracias a su comprensión de las leyes de la riqueza, adquiere un excedente creciente, debería pensar en esos días futuros. Debería planear ciertas inversiones o provisiones que puedan perdurar con seguridad durante muchos años, pero que estén disponibles cuando llegue el momento que tan sabiamente ha anticipado.

- Los pensamientos de la juventud -continuó- son luces brillantes que resplandecen como los meteoros que a menudo hacen brillante el cielo, pero la sabiduría de la edad es como las estrellas fijas que brillan tan inalterables que el marinero puede depender de ellas para dirigir su rumbo.

- La oportunidad es una diosa altiva que no pierde el tiempo con los que no están preparados.

- Cuando me propongo una tarea, la termino. Por lo tanto, tengo cuidado de no empezar tareas difíciles y poco prácticas, porque me encanta el ocio.

- Pero demasiado a menudo la juventud piensa que la edad sólo conoce la sabiduría de los días que se han ido, y por lo tanto no se beneficia. Pero recuerda esto: el sol que brilla hoy es el sol que brillaba cuando tu padre nació, y seguirá brillando cuando tu último nieto pase a la oscuridad.

- Más vale un poco de precaución que un gran arrepentimiento.

- Los deseos deben ser simples y definidos. Derrotan su

propio propósito si son demasiados, demasiado confusos o están más allá de la formación de un hombre para cumplirlos.

- Nuestros actos sabios nos acompañan por la vida para complacernos y ayudarnos. Con la misma seguridad, nuestros actos imprudentes nos siguen para plagarnos y atormentarnos. Por desgracia, no pueden ser olvidados. En la primera fila de los tormentos que nos siguen están los recuerdos de las cosas que deberíamos haber hecho, de las oportunidades que se nos presentaron y no aprovechamos.
- Con un nuevo entendimiento encontraremos formas honorables de cumplir nuestros deseos.

www.ingramcontent.com/pod-product-compliance
Lightning Source LLC
Chambersburg PA
CBHW052001150726
47999CB00004B/1481